AF294072

Michael Felske

Scharfgestellt

Marketing für Fotografen

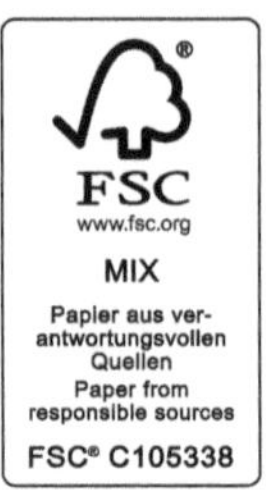

INHALTSVERZEICHNIS

Vorwort	7
Scharfgestellt: Marketing für Fotografen	8
Ihr Unternehmen und Sie	9
Das Honorar festlegen	10
Smart Ziele entwickeln und erreichen	12
Tipps zur Selbstmotovation	22
Webauftritt	29
Fotoforen	31
Social Media	31
Visitenkarten	34
Postkarten/Flyer	35
How-to-Videos	35
Netzwerken	36
Kaltakquise	41
Direct Marketing	52
Weitere Möglichkeiten für Kundenkontakte	53
Kundenbindung	54
Ideen zum Geldverdienen	58
Über Praktikanten und das Delegieren	82
Über den Autor	83
Danksagung	86
Haftungsausschluss	87

VORWORT

Rennwagen, Motorräder, Pferde, Blume, Strand und Yachten u.v.m.: Alles wird fotografiert. Aber ob die Fotos auch zu Geld gemacht werden, das steht auf einem völlig anderen Blatt. Viele Schwierigkeiten stehen dem finanziellen Erfolg im Weg. Das größte Problem, der höchste Berg, der erklommen werden muss, ist die Tatsache, dass gerade die Kreativen und Künstler nicht immer zu den besten Verkäufern zählen (stimmt meistens). Genau das ist für mich der größte Antrieb meine Erfahrungen aus unzähligen Akquise-Schulungen mit diesem Taschenbuch für Menschen zugänglich zu machen, die hervorragende Fotos abliefern, aber finanzieller erfolgreicher werden wollen.

In diesem Sinne schütte ich auf den folgenden Seiten das Füllhorn aus und beglücke Sie mit Faktenwissen über Kaltakquise, Direct-Marketing, Social Media, Selbstmotivation, Zieleentwicklung, Printwerbung, Internetauftritte u.v.m.

Viel Erfolg für Ihre beruflich Zukunft wünscht Ihnen

Michael Felske

P.S.: Neben digitalen Fakten werden Sie immer auch analoge Informationen über Kameras und Filme lesen. Die Analogfotografie ist keineswegs tot. Auch bei mir nicht. Neben Canon- und Nikonausrüstungen arbeite ich im Mittelformat mit einer Mamiya 6x7-Kamera sowie einer historischen Agfa 6x9 Kamera.

SCHARFGESTELLT: MARKETING FÜR FOTOGRAFEN

Großartige Fotos auf Deiner Festplatte nützen Dir erst einmal rein gar nichts, wenn keiner von deren und vor allem auch von Deiner Existenz weiß. Darum ist es wichtig für Dich, mit Deinem Projekt „hausieren" zu gehen, zu zeigen, dass es Dich und Deine Dienstleistung überhaupt gibt.

Wenn Du das erledigt hast (kann dauern), dann bleibt es Dein Job immer wieder mit ganz langem Atem dafür zu sorgen, dass Du im Spiel bleibst. Wie das geht? Wer weiß das schon ganz genau. Das Internet ist voller Tipps und Ratschläge, die Du goutieren kannst. Mein fester Glaube ist es allerdings, dass Du Deinen eigenen Weg finden musst. Du brauchst einen Plan! Die BWL-Profis nennen das Marketing-Plan.

Und das geht so: Du greifst Dir ein paar Bögen Papier und notierst, was Du genau erreichen möchtest. Dann schreibst Du Deine Ideen zur Zielerreichung daneben. Eine Zeitleiste wird von Dir erstellt, die festlegt, wann Du Deine Ziele erreichen möchtest. Denke dabei daran, dass Deine Ziele SMART sein müssen. Was das bedeutet, liest Du weiter unten. Wenn Du das schon kennst, dann kannst Du das überfliegen. Wichtig ist es allemal.

IHR UNTERNEHMEN UND SIE

Trennungen sind meistens schmerzhaft und böse. An dieser Stelle möchte ich Ihnen jedoch eine Trennung vorschlagen, die mit Sicherheit von Vorteil für Sie ist. Es handelt sich dabei um die Unterscheidung Ihres Unternehmens und Ihrer Person. Warum denn das? „Aus gutem Grund" ist die Antwort. Bleiben wir einmal beim Thema Honorare und einem Kollegen, der damit Schwierigkeiten hat, weil er vielleicht unter Selbstbewusstseinsstörungen leidet. Wenn dieser Kollege sich selbst als Fotodesigner sieht und sein Unternehmen als seine Person, da er ohnehin nur freiberuflich tätig ist, dann leidet sein Unternehmen unter seinen Problemen.

Separiert er Person und Unternehmen voneinander, dann wird er als Vollzieher der Unternehmensinteressen: Er nennt Honorarbeträge, von denen er weiß, dass damit das Unternehmen überleben wird. Er kämpft um jeden Kontakt beim Netzwerken und spricht auf einer Messe unzählige Aussteller an, weil er in der Kategorie „Anzahl der Kontakt = Anzahl der Kontrakte" denkt. Er spricht stets und ständig für das Unternehmen, nicht für seine Person.

Diese Trennung erleichtert die nüchterne Buchhaltung, Kalkulation, Honorarberechnung und auch erfolgreiches Marketing. Jeder Schritt nach außen zählt, ist wichtig und bringt mittelbar Vorteile und finanzielle Erfolge. Wenn dabei Emotionen außen vor sind, kann es nur gut sein.

DAS HONORAR FESTLEGEN

„Meiner Freundin schenke ich zu Weihnachten einen Gutschein für ein Pärchen-Shooting. Was kostet sowas eigentlich", fragte er mich. Ich wies ihn an bei verschiedenen Anbietern nachzufragen. Das Ergebnis: Zwischen 70€ und 180€ gab es Angebote. Er entschied sich voller Hoffnung für das teuerste Angebot. Das Shooting hat bisher (16.01.2023) noch nicht stattgefunden. Auf das Ergebnis bin ich sehr gespannt.

Die von ihm genannten Preise haben mich regelrecht entsetzt. Weder für 70€ noch für 180€ hätte ich mich auf ein derartiges Shooting inklusive Bildbearbeitung und hochwertigem Ausdruck in DIN A4 eingelassen. Warum?

Ich kenne meine Preise. Ich arbeite lieber gar nicht, als unterbezahlt. Arrogant? Auf keinen Fall.

Nehmen wir für eine Musterrechnung die Summe von 180€. Die Krankenversicherung bedient sich mit 14%, die Rentenversicherung mit 18,6%. Zusammen macht das 32,6%. Von den 180€ beträgt der rein rechnerische Abzug somit 58,68€. Es verbleiben 121,32€. Das Finanzamt möchte gerne roundabout 12% von 180€. Das sind 21,60€. Totalabzug also 21,60€ + 32,60€=54,20€. Für das Shooting bleiben 125,80€ übrig. Die beiden DIN A4-Bögen Fotopapier einschließlich Ausdruck kosten 7,78€. Für den gesamten Fotojob verbleiben in der Fotografenkasse 118,02€. Beim geschätztem Zeitaufwand von drei Stunden ergibt das einen Stundenlohn von 39,34€.

Der Tag hat auch für einen Fotografen lediglich acht bis zehn Stunden. Bei Vollauslastung (wer hat die schon?) mit solchen Aufträgen könnte er drei davon am Tag erledigen. Das ergebe die Summe von 354,06€ pro Tag, 1.770,3€ pro Woche und 7.081,2€ im Monat. Ein echtes Träumchen, oder? Bei halber

Auslastung bleiben 3.540,6€/Monat. Muss der Fotograf seine Studio- und Wohnungsmiete sowie Fahrzeug- und Technikkosten davon begleichen, bleibt ein Rest von möglicherweise nur 1000€ für den täglichen Bedarf wie Kleidung und Ernährung. Bei bestehender Vaterschaft und Ehe rechne ich lieber nicht weiter! Übrigens: Der das Shooting für 70€ anbietet, muss bei gleicher Rechnung mit 397,29€ statt 1000€ durch den Monat kommen.

Aus mehr als zwei Jahrzehnten Freiberuflichkeit weiß ich, dass der Stundenlohn (ohne Studiomiete!) bei Vollauslastung ca. 68€ betragen muss. Für das Pärchenshooting würde ich zwischen 360€ und 450€ ohne Mehrwertsteuer verlangen. Damit sieht die obige Rechnung wesentlich erfreulicher aus.

Erlauben Sie sich einen Gefallen: Nehmen Sie ein leeres Blatt Papier und notieren Sie sehr ehrlich Ihre beruflichen und privaten Festkosten. Addieren Sie zur Sicherheit 30 bis 50% für Marketingausgaben dazu. Damit fangen Sie das Rechnen an und träumen Sie dabei niemals von einer Vollbeschäftigung.

Danach kennen Sie Ihren Preis/Ihren Honorsatz pro Stunde und pro Tag. Sollten sich Veränderungen (Mieterhöhung etc.) ergeben, dann rechnen Sie erneut auf der Basis den dann aktuellen Daten.

SMART ZIELE ENTWICKELN UND ERREICHEN

Wenn Du heute früh höchst motiviert mit Schwung aus den Federn gehüpft bist, dann ist die Zeit reif für Deine Arbeit am persönlichen Erfolg. Doch Motivation allein reicht nicht aus: Wichtig ist die Ziele zu kennen. Menschen finden Menschen interessanter, die wissen, was sie wollen, die einen Plan haben. Transferiere ich Deine Situation in den Sportbereich, dann kann ich das Wörtchen Plan mit Ziel übersetzen.

Schöne Rede, wirst Du vielleicht denken. Du sagst: „Na klar, ich habe ein Ziel. Ich suche meine Traumaufträge mit Traumgage. Und dann baue ich mit meiner Familie ein Haus und dort leben wir, bis es ausgeht wie im Märchen."

Doch so einfach ist es nicht. Ziele müssen genau bestimmt und clever entwickelt werden. Willst Du Erfolg, dann feile idealerweise am Profil Deines Ziels. Oder Deiner Ziele, denn meistens sind es ja gleich mehrere. Wichtig ist für Dich erst einmal überhaupt ein Ziel zu haben. Die folgenden Zitate zeigen, was passiert, wenn kein Ziel vorhanden ist:

Ein Schiff, das seinen Hafen nicht kennt, für das ist kein Wind günstig. (Seneca)

Nachdem wir das Ziel endgültig aus den Augen verloren hatten, verdoppelten wir unsere Anstrengungen. (Mark Twain)

Der Langsamste, der sein Ziel nicht aus den Augen verliert, geht immer noch schneller als der, der ohne Ziel herumirrt.
(Gotthold Ephraim Lessing)

Zur Verdeutlichung bitte ich Dich um Folgendes: Stelle Dir einmal ein Wettrennen vor. Zwei Radrennfahrer kämpfen gegeneinander, ein durchtrainierter Profi und ein Amateur, der nicht so professionell aufgestellt ist. Der Profi hat jede Menge Muckis und enorme Power in den Beinen, kennt aber das Ziel nicht genau. Ganz anders der Hobbyfahrer: Er weiß genau, wo es lang geht. Was wird geschehen? Der Powersportler wird in die Pedalen treten, ein rasantes höheres Tempo als der Amateur vorlegen, aber niemals das Ziel erreichen. Der Hobbysportler ist langsamer unterwegs, bewegt sich aber immer auf direktem Weg zum Ziel. Nur er kommt dort an – der Profi wird unweigerlich versagen und muss aufgeben. Die Wissenschaft hat sich selbstverständlich auch mit diesem Thema befasst und erstaunliche Ergebnisse ans Tageslicht befördert. Ziele sind nicht einfach so Ziele, die Du mit Sicherheit erreichen kannst. Das hast Du bestimmt in Deinem Leben schon gemerkt. Ziele, die erreichbar sein sollen, müssen bestimmte Anforderungen erfüllen. Tun sie das nicht, dann wird es schnell unmöglich windschnittig über die Ziellinie zu kommen. Genau herausgefunden wurde, dass erreichbare Ziele „smart" sein müssen. Und damit ist nicht nur die wortwörtliche Übersetzung gemeint, die ja so viel heißt wie elegant, schlau, gerissen, gescheit oder geschickt, sondern ist auch noch eine Abkürzung. Die genaue Bedeutung erschließt sich aus der folgenden Tabelle:

Zielentwicklung	
S	Spezifisch, simpel (einfach, konkret)
M	Messbar (in zählbaren Einheiten)
A	Attraktiv (für Sie und Ihre Werte)
R	Realisierbar (selbst zu erreichen)
T	Terminiert (zeitlich festgelegt)

Genau erläutert, bedeutet S.M.A.R.T.:

Spezifisch bedeutet, dass Du selbst völlig konkret bestimmst, worum es bei Deinem Ziel genau geht. Bei dieser Bestimmung zählen keine Floskeln und Allgemeinplätze. „Ich möchte 10 Kilogramm Gewicht abbauen" kann in diesem Sinn ein gutes Beispiel sein. Hier gibt es keine Kompromisse. Es sind nicht neun Kilo und auch nicht elf. Nur genau zehn sollen es sein. „In Berlin suche ich Aufträge als Architekturfotograf" ist ein weiteres Beispiel. Nicht als Babyfotograf sollen Aufträge reinkommen, sondern als Architekturfotograf.

Messbar heißt, Du hast Dein Ziel so formuliert, dass genau feststellbar ist, ob Du es auch erreicht hast. Das kann ganz einfach sein. Mit einem Schritt auf die Waage merkst Du sofort, ob Du bereits zehn Kilos abtrainiert oder herunter gehungert hast. Erst dann, wenn die richtige Zahl angezeigt wird, ist das Ziel auch erreicht. Flattern Honorarverträge als Architekturfotograf ins Haus, dann hast Du auch im zweiten Beispiel Dein Ziel erreicht.

Attraktiv bedeutet, das Ziel muss gemäß Deiner Wertvorstellung lohnenswert erscheinen. „Wenn ich zehn Kilogramm abgenommen habe, dann passen mir wieder die vielen Kleider in Größe 36, die seit vier Jahren einsam im Schrank auf mich warten." Das kann attraktiv für eine von Ihnen sein. Lohnend allemal, denn das spart Kosten für neue Kleider in Größe 44. „Wenn ich Aufträge in Berlin erhalten kann, dann spare ich Fahrtkosten und viele Stunden Fahrtzeit im Monat. Dann kann ich stattdessen wieder in meiner so neu gewonnenen Freizeit sportlich aktiv werden." Auch das kann ein durchaus attraktives Ziel sein.

<u>R</u>ealistisch bedeutet, Dein Ziel darf nicht aus der Luft gegriffen und völlig unerreichbar sein. Ein realistisches Ziel kannst Du durch Dein eigenes Verhalten erreichen. Hohe Ansprüche sind O.K., aber Unerreichbarkeit erzeugt Frust und stoppt Deine Motivation auf dem Weg zum Ziel. „In den kommenden 14 Tagen will ich 15 Kilo abnehmen!" Das wird beim besten Willen nicht machbar sein, es sein denn, Du bist so drauf wie ein Feuerwehrmann, den ich kenne: Der wollte unbedingt Feuerwehrmann bei der Berufsfeuerwehr werden, wurde aber wegen Übergewicht abgewiesen. (Du ahnst schon, dabei geht es um Einsätze auf der Leiter.) Mit der Bemerkung „Zehn Kilo müssen runter, dann können Sie sich wieder bei uns vorstellen!" wurde er nach Hause geschickt. Ein Fitnesstrainer sorgte dafür, dass dieser Mann innerhalb nur einer Woche zehn Kilo abnehmen konnte. Joggen vor der Arbeit, ein Cocktail Flüssignahrung als einzige Mahlzeit und Krafttraining nach der Arbeit waren das Rezept. Der Mann wollte unbedingt den Job und nahm diese schreckliche Tortur auf sich. Nun ist er Feuerwehrmann. Auf dem Weg zum Ziel sind Höchstleistungen erlaubt und gerne gesehen. Hierzu ein nettes Zitat:

Wer all´ seine Ziele erreicht, hat sie wahrscheinlich zu niedrig gewählt. (Herbert von Karajan)

<u>Terminiert</u> heißt, Du bestimmst genau den Zeitpunkt, an dem Du Dein Ziel erreicht haben willst. „Bis zum 31. Mai, in den fünf Wochen, will ich fünf Kilo abnehmen. Im Sommer passen dann alle alten Kleider wieder." Solch ein Ziel ist spezifisch, messbar, attraktiv, erreichbar und terminiert und erfüllt somit alle Anforderungen.

Dein Plan kann wie folgt strukturiert sein. Nimm ein Blatt Papier zu Hilfe und lege sofort los:

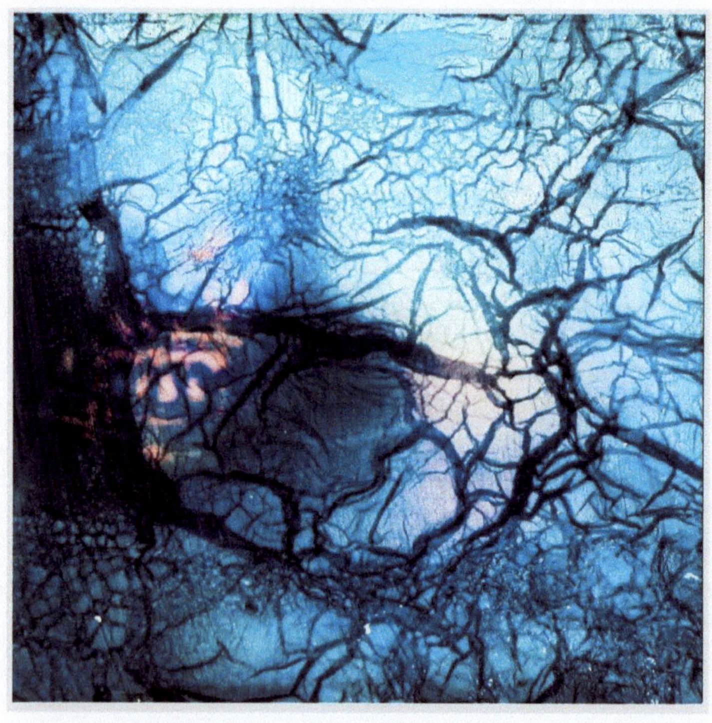

Meine Ziele bestimmen

Meine Tagesziele sind:

Meine kurzfristigen Ziele für die kommenden Tage und Wochen sind:

Meine mittelfristigen Ziele für die kommenden Monate und das nächste Jahr lauten:

Meine langfristigen Ziele für die nächsten Jahre sind:

Meine Ziele für das ganze Leben:

MARKETING-FRAGEBOGEN, DAMIT IHNEN EIN LICHT AUFGEHT

01 | <u>Kennst Du Deinen Markt?</u>

Ich weiß, welche Unternehmen und Institutionen für mich als Auftraggeber in Frage kommen. Ich kenne deren Bedürfnisse und bin in der Lage erfolgreich Angebote zu machen.

O Ja O Nein O Teils/Teils (Zutreffendes bitte ankreuzen)

02 | <u>Dein Beitrag zum Erfolg!</u>

Ich weiß, was ich für den Erfolg meines Unternehmens tun kann. Ich bin stets gut vorbereitet und weiß, was ich tun muss.

O Ja O Nein O Teils/Teils (Zutreffendes bitte ankreuzen)

03 | <u>Du kennst Deine Vorteile für Deine Kunden!</u>

Ich präsentiere die Vorteile, die einem Unternehmen durch meinen Einsatz angedeihen werden.

O Ja O Nein O Teils/Teils (Zutreffendes bitte ankreuzen)

04 | <u>Du kennst Deine Stärken!</u>

Ich überzeuge mit meinen besonderen Fähigkeiten und Fachkenntnissen. Ich beziehe sie auf einen speziellen Auftrag und kann klarmachen, was der Kunde von mir zu erwarten hat.

O Ja O Nein O Teils/Teils (Zutreffendes bitte ankreuzen)

05 | <u>Du entsprichst dem Idealbild eines Fotografen!</u>

Mein Auftreten, meine Bekleidung, meine Art zu kommunizieren und meine Präsentation weichen nicht von dem Bild ab, das sich jeder von einem Fotografen macht. Mit drei Worten zeige ich Präsenz. Sie lauten: „Ich bin Fotograf!"

O Ja O Nein O Teils/Teils (Zutreffendes bitte ankreuzen)

06 | <u>Du bist fokussiert auf Ziele des Auftraggebers!</u>

All meine Kommunikation mit einem Auftraggeber richtet sich darauf ihm klarzumachen, welche seiner Ziele er mit mir und durch meine Arbeitsergebnisse besser, leichter, kostengünstiger, schneller und vor allem sicherer erreicht.

O Ja O Nein O Teils/Teils (Zutreffendes bitte ankreuzen)

07 | <u>Du denkst und handelst 100prozentig serviceorientiert!</u>

Meine Stärken und fachlichen Arbeitsschwerpunkte präsentiere ich in meinem Angebot so, dass der Leser in wenigen Sekunden alles Wesentliche rasch erfassen kann. Alleinstellungsmerkmale hebe ich entsprechend hervor.

O Ja O Nein O Teils/Teils (Zutreffendes bitte ankreuzen)

08 | <u>Du kennst Dein Honorar!</u>

Ich habe mein Honorar im Kopf. Ich weiß, was meine Leistung kostet. Ich weiß auch, dass geringe Honorare schlecht für mein Geschäft sind.

O Ja O Nein O Teils/Teils (Zutreffendes bitte ankreuzen)

09 | <u>Du hast Dir einen Gesamtauftritt ausgearbeitet!</u>

Bekleidung, Aufmachung meines Fahrzeuges, Internetpräsenz, Geschäftsräume, telefonisches Auftreten: Ja, ich habe für mein Unternehmen eine Corporate Identity ausgearbeitet.

O Ja O Nein O Teils/Teils (Zutreffendes bitte ankreuzen)

10 | <u>Du bist eine gute Empfehlung!</u>

Ich verhalte mich beruflich und privat immer so, dass alle, die mit mir zu tun hatten, mich gerne Dritten weiterempfehlen.

O Ja O Nein O Teils/Teils (Zutreffendes bitte ankreuzen)

11 | <u>Du zeigst stets Präsenz!</u>

In meiner Stadt, meiner Branche, in meinem fachlichen Spezialgebiet mache ich mich sichtbar. Ich erweitere täglich mein Netzwerk durch Akquise, Öffentlichkeitsarbeit, Vorträge und Bildungspartnerschaften z.B. mit Bildungsträgern.

O Ja O Nein O Teils/Teils (Zutreffendes bitte ankreuzen)

12 | <u>Du betreibst eifrig Öffentlichkeitsarbeit!</u>

Ich reflektiere stets, was mein aktuelles Umfeld mit mir und meiner Dienstleistung zu tun haben könnte. Ich knüpfe Kontakte und gebe als Fachmann gerne Ratschläge. Diese gebe ich gerne auch an die Medien in Form von Pressemitteilungen einzustreuen.

O Ja O Nein O Teils/Teils (Zutreffendes bitte ankreuzen)

13 | <u>Du pflegst Deine Kontakte!</u>

Ich verliere niemals den Kontakt zu den Leuten, mit denen ich jemals beruflich zu tun hatte. Ich habe eine Liste mit Geburtstagen all meiner Kontakte, die ich ständig aktualisiere.

O Ja O Nein O Teils/Teils (Zutreffendes bitte ankreuzen)

14 | Du stellst die richtigen Fragen!

Dank meiner präzisen Vorbereitungen verfüge ich über einen Fragenkatalog für Kunden, der mir ermöglicht, die genauen Bedürfnisse, Vorstellungen und Ziele herauszufinden.

O Ja O Nein O Teils/Teils (Zutreffendes bitte ankreuzen)

15 | <u>Du trainierst Deine Präsentationen immer!</u>

Erfolg und Auftragszuschlag hängt von der Qualität meiner Präsentationen ab. Ich muss meinen Zuhörer sehr gut und effizient vermitteln, wer ich bin und was ich abliefern kann. Deshalb trainiere ich meine Präsentationen immer wieder, bis sie mir in Fleisch und Blut übergegangen sind.

O Ja O Nein O Teils/Teils (Zutreffendes bitte ankreuzen)

16 | <u>Du bist loyal und stets zuverlässig!</u>

Ich verspreche nur, was ich auch halten kann. Das gilt insbesondere für Termine. Ich notiere meine Abmachungen, damit das ganz sicher gelingt. Gegenüber meinen Auftraggebern verhalte ich mich absolut loyal.

O Ja O Nein O Teils/Teils (Zutreffendes bitte ankreuzen)

17 | <u>Dein qualitativer Anspruch ist sehr hoch!</u>

Meine Arbeitsergebnisse sollen immer von hoher Qualität sein. Mit Halbheiten gebe ich mich nicht ab. Deshalb lerne ich dazu und informiere mich über neue technische Entwicklungen.

O Ja O Nein O Teils/Teils (Zutreffendes bitte ankreuzen)

Anzahl »Ja«:   Anzahl »Nein«:   Anzahl »Teils/Teils«:

Wenn bei Dir die Anzahl bei Ja sehr viel höher ist als bei den beiden anderen Antworten, dann ist es wirklich prima um Dein Marketing bestellt. Ist die Zahlenverteilung anders, dann knüpfe Dir die Punkte genau vor und schmiede einen Plan zur Veränderung zum Positiven. Damit Deine Stimmung gut bleibt, lies einmal wie Du Dich zu allem selbst motivieren kannst.

TIPPS ZUR SELBST-MOTIVATION

Im Bestzustand wucherten meine Topfpflanzen in der Zeit meiner Diplomarbeit. Jede nur erdenkliche Minute habe ich genutzt um vor dem gehassten Schreibtisch zu entfliehen. Sicherlich kennst Du das: Es fällt Dir auch manchmal schwer, Dich aufzuraffen und Dinge zu tun, die Du eigentlich gar nicht erledigen möchtest. Aufgaben vor sich her zu schieben ist bei vielen Menschen sehr beliebt. Das Dumme dabei ist nur: Kein anderer erledigt diese für uns. Wie um alles in der Welt ist es möglich sich auch für Ungeliebtes zu motivieren und die

Aufschieberitis ein für alle Mal zu beenden? Hier kommen einige gute Tipps für Dich:

Wichtiges immer zuerst erledigen!

Bevor Du Dich an die Erledigung einer Aufgabe heranmachst, überprüfe bitte, ob das das, was Du tun musst, überhaupt und gerade jetzt wirklich getan werden muss. Diese Überprüfung dient der einfachen Sortierung. Schließlich kann es ja sein, dass gerade diese Aufgabe im Moment überhaupt nicht so wichtig ist. Fasse die wichtigste Aufgabe als erste an. Danach kommt die zweitwichtigste usw.

Und was motiviert Dich?

Intensives Nachdenken bringt Dich zur Erkenntnis was Dich persönlich motiviert. Für viele Menschen ist es Geld, für andere Anerkennung oder einfach nur der gute Ruf, der ihnen vorauseilen kann. Unternimm eine Gedankenreise in die Vergangenheit: Was war es bisher, das Dich motiviert und beflügelt hat, auch größere und anstrengende Aufgaben zu erledigen.

Beispiel: Als ich meine Diplomarbeit und Prüfungen absolvieren musste (Sie erinnern sich – die Topfpflanzen waren damals in Bestzustand) besprach ich das Thema Motivation und die nach zwölf Monaten Lernen klammheimlich aufkeimende Überhaupt-kein-Bock-mehr-Mentalität mit einem Studienkollegen, der in der gleichen Situation war. Herausgefunden haben wir, dass es uns guttut, wenn wir nicht alleine lernen und schreiben müssen. Prompt taten wir uns zusammen und ackerten gemeinsam. Heute kann ich mich noch nicht einmal mehr an den Vornamen des Kollegen von damals erinnern. Aber ich denke auch nach Jahrzehnten noch oft an die Zeit zurück. Wir lasen uns kapitelweise unsere Diplomarbeitsmanuskripte vor, wir hörten uns gegenseitig sozialwissenschaftliche Definitionen ab und fuhren gemeinsam zu den Prüfungen, die wir extra nahezu zeitgleich datieren ließen. Wir hielten zwar kein Händchen, aber belohnten uns nach jeder überstandenen schriftlichen oder mündlichen Prüfung mit einem Menü beim Italiener.

Wenn Du selbst exakt weißt, was genau Dich motiviert, dann plane Deine Aufgaben dementsprechend. Wichtig dabei ist, dass Du für Dich bestimmst wie die kommenden Arbeitsabläufe zu gestalten sind. So steuerst Du Dich selbst. Und was soll dann dabei bitte noch schief gehen?

Stelle Dir die Ergebnisse bildlich vor!

Kennst Du die mächtige Kraft der sogenannten Visualisierung? Nein? Solltest Du aber kennen, denn diese Technik ist ein wahres Erfolgsrezept nicht nur für Motivation. Und das geht ganz einfach: Stelle Dir beim Herangehen an eine Aufgabe diese einfach schon als erledigt vor. Mit allen positiven Konsequenzen. Im Falle eines Werbebriefs zur Kundenakquise kann es zum Beispiel der Anruf mit der Einladung zum Vorgespräch sein. Stärker wirken kann auch die Visualisierung der Situation in der Du den Honorarvertrag unterschreibst. Oder besser noch: Du siehst Dich während des Schreibens bereits den Auftrag erledigen. Du stellst Dir z.B. vor wie Du beim Friseur die Models mit den tollsten Hochzeitsfrisuren fotografierst.

Das alles hat nicht besonders viel mit Esoterik oder irgendwelchen Bestellungen beim Universum zu tun. Doch ein bisschen schon: Visualisierungen setzen Kräfte und Potentiale bei Dir frei, die ansonsten brach liegen. Warum solltest gerade Du solch eine ideale Möglichkeit ungenutzt völlig brach liegen lassen?

Denke lieber positiv!

„Da schaffe ich nicht", „Ich habe keine Lust mehr" oder „Das habe ich ja noch nie gemacht" sind Botschaften, die Du niemals aussenden solltest. Damit programmierst Du Dich völlig negativ und es tritt dann genau das ein, was Du ausgesendet hast.

Viel schöner und erfolgversprechender sind positive Botschaften. Verspreche Dir, dass Dir die Aufgabe Freude bereitet, Spaß bringt und einen hohen Fun-Faktor hat. Behaupte, dass die Angelegenheit „leicht von der Hand geht", dann wird es auch so kommen.

Denke lieber positiv, dann passiert auch Positives. Übrigens: Früher, in den Anfängen des positiven Denkens hieß es ja, dass alleine die positiven Gedanken in zahlreichen Wiederholungen ausreichend sein können um zu positiven Ergebnissen zu kommen. Stelle Dir sich nun als Beispiel vor, Dein Schreibtisch ist vollgemüllt. Der positive Gedanke „Mein Schreibtisch ist leer" mit geschlossenen Augen mehrfach wiederholt wird wohl nicht zum gewünschten Ergebnis „aufgeräumter Schreibtisch" führen. Positiven Gedanken muss positives Handeln folgen. Nur dann wird ein Schuh draus. Fange gleich damit an!

Belohne Dich für Erfolg!

Erinnerst Du Dich an den Gang in die Pizzeria mit meinen Studienkollegen? Nach jeder Prüfung waren damals Leckereien angesagt. Das war unsere Belohnung für Stress und Mühe. Es muss natürlich nicht immer Essen gehen sein. Denke an Deine Figur und prüfe, ob eine neue CD Deines Lieblingsinterpreten oder eine DVD des aktuellen Blockbusters auch als Belohnung taugen. Oder gehe mit Deinem Liebsten tanzen.

Wichtig dabei ist wieder, dass Du selbst es bist, der die Belohnung beschafft und vor allen Dingen auch bekommt. Belohne Dich bei Erfolg, mache Erfolg richtig lohnenswert. Wenn das ohne positive Langzeitwirkungen bleibt... dann weiß selbst ich nicht mehr weiter.

Setze Dich unter Druck!

Erst wenn nichts mehr aufzuschieben ist, weil z.B. ein Abgabetermin naht, dann laufen viele Leute zur persönlichen Höchstform auf. Erst dann! Schade eigentlich, aber wenn Du von Dir weißt, dass Du auch so funktionierst, dann setze Dich doch einfach selbst unter Druck. Lege einen Termin, ein Datum, eine Uhrzeit fest und fang an! Besser Du setzt Dich unter Druck als andere. Stimmt´s?

Pläne für längere Zeit machen!

Schwer überschaubare Abläufe, die mehr Zeit in Anspruch nehmen, sollten plangemäß ablaufen. Fertige einen detaillierten Plan an, der Dir als Hand-out dient. Nehmen wir einmal an, Du bist angestellter Fotograf und suchst einen neuen Job. Oder Du bist auf der Jagd nach neuen Aufträgen. Um hier erfolgreich zu werden sind verschiedenste Tätigkeiten und Abläufe erforderlich. Schreibe diese auf ein Blatt Papier und schätze dabei ein, wie Du zeitlich damit zurechtkommst. Ein Beispiel:

Sonntag: Alle Zeitungen kaufen und neue lokale Entwicklungen kennen lernen.

Jeden Tag morgens: Internetrecherche (das klappt auch vor der Arbeit, wenn Du den Wecker früher stellst).

Montag: Präsentation aktualisieren oder überhaupt erst anfertigen. Dazu Mappe zusammenstellen! Aktuelle Fotos mit einpflegen.

Dienstag: Anschreiben resp. Akquiseanschreiben entwerfen oder überarbeiten.

Mittwoch: Anschreiben überarbeiten.

Donnerstag: Erste Bewerbungen per Post oder E-Mail absenden.

Freitag: Weitere Bewerbungen verschicken.

Sonnabend: Frei für private Angelegenheiten.

Sonntag: Siehe 1.

So sieht ein möglicher Plan für einen Zeitraum von einer Woche aus. Selbstverständlich geht alles auch schneller, wenn Du die zeitlichen Möglichkeiten dafür hast. Tipp: Vernachlässige einfach mal die Zimmerpflanzen zu Gunsten Deiner Karriere!

Zeitplan für heute anfertigen!

Für jeden einzelnen Tag lohnt es sich einen präzisen Zeitplan zu haben. Prima ist es, wenn Du diesen bereits am Vortag anfertigst, denn dann weißt Du am kommenden Morgen gleich was als erstes zu tun ist. Erledige selbstverständlich wie Du es hier gelernt haben, das Wichtigste zuerst.

Planlosigkeit führt zu Mehrarbeit und mangelnder Effizienz. Wiederholungen oder Zeitverlust sind meistens die Folge. Mit Tagesplan gehst Du professionell an Deine Karriere heran. Das bringt sicherlich auch professionelle Ergebnisse.

Öfters einmal Party machen!

Und am Sonnabend hast Du frei. Mit frei meine ich aber auch richtig frei. Gehe auf Partys, Tanzen oder einfach nur ins Kino. Schalte ab vom Bewerbungsstress und -alltag. So sammelst Du wieder Kräfte und Energien für die kommenden erfolgreichen Tage. Außerdem fallen diese Freizeitaktivitäten auch unter das Thema Belohnung. Die positiven Folgen einer Belohnung hast Du ja bereits gelesen. Außerdem erweiterst Du eventuell dabei auch Dein Netzwerk.

WEBAUFTRITT

Für kleines Geld können Sie sich bei einem der zahlreichen Internetprovider und Webhostingfirmen ausreichend Speicherplatz nebst Adresse/Domain (z.B. http:/www.fotograf-felske.de) anmieten. Die Laufzeiten differieren von Anbieter zu Anbieter. Da Sie langfristig planen, können Sie in Jahren statt in Monaten denken.

Etwas komplizierter wird es bei der Gestaltung und Programmierung Ihrer Homepage. Wenn Sie dazu nicht selbst in der Lage sind, wird es teuer, denn dann muss ein Fachmann beauftragt werden. Da Ihre Homepage eigentlich eine Website ist, da sie mehr als eine Seite umfasst, entsteht ein großer Arbeitsaufwand. Aktualisierungen sind nicht nur bei neuen Fotos erforderlich. Das bedeutet für Sie bei Fremdbeauftragung Folgekosten in nicht bezifferbarer Höhe.

Aus meiner Sicht sind Sie besser dran, wenn Sie sich das Wissen draufschaffen und Ihre Website selbst programmieren. Dann sind Sie unabhängig und sparen jede Menge Geld. Auf dem Weg zum Ziel kommen Sie hier mit entsprechender Literatur, die Sie an die Hand nimmt und von Anfang an erläutert wie das geht. Ich empfehle Ihnen das Buch HTML und CSS – das umfassenden Handbuch von Jürgen Wolf. Sie finden es beim Rheinwerk Verlag für 49,90€.

Neben herkömmlichen Websites kommt für Sie auch ein sogenanntes Blog in Frage. Preiswerte Angebote gibt es von Wordpress oder Google. Vorteilhaft am Blog ist der einfache Weg neue Artikel zu schreiben und aktuelle Fotos hochzuladen. So ist kein FTP-Programm erforderlich, das Ihre Daten auf den Server des Anbieters hochlädt. Grob behauptet lässt sich sagen, dass jeder Mensch, der mit einem Textverarbeitungsprogramm auf DU und Du ist, auch ein Blog bedienen kann. Vielleicht versuchen Sie Ihr Glück zuerst einmal mit einem Gratis-Blog von Wordpress. Hier ist der Nachteil, dass sich zu der von Ihnen gewählten Domain „.wordpress" dazu gesellt.

Domainnamen sind ein gutes Stichwort. Vergessen Sie Fantasie- und Technikbegriffe wie beispielsweise pentacon-six-fotos.de, blende.de oder picbook.de, picshooter.de, fotoreview.de, travelpictures.de, travelfotos.de oder fotoberichte.de. Hinter jeder diese Domainnamen kann beispielsweise eine Fotoberichte GmbH stehen, die Ihnen den Namen streitig machen wird. Empfehlung: Verwenden Sie Ihren Nachnamen wie z.B www.foto-felske.de. Dann flattert keine Rechnung von einem Rechtsanwalt in Ihren Briefkasten. Sollten Sie sich dennoch für einen Fantasienamen entscheiden, dann recherchieren Sie umfassend bei Google. So stellen Sie fest, ob jemand irgendwo auf der Welt mit „Ihrem" Fantasiebegriff unterwegs ist. Gibt es keine Treffer, dann sollten Sie diesen Namen beim Deutschen Patentamt als Wortmarke registrieren lassen. Nachteil: Erst nach der Widerspruchsfrist von drei Monaten können Sie diese Wortmarke verwenden. Es ist also Geduld gefragt.

Zeit geht auch ins Land, bis Ihre Website bei Google gelistet ist. Damit meine ich nicht Treffer unter den ersten Zehn, sondern überhaupt. Um im Ranking weiter nach vorn zu kommen, ist wieder Literaturstudium erforderlich. Empfehlenswert ist das Buch Suchmaschinen-Optimierung - Das umfassende Handbuch von Sebastian Erlhofer. Erhältlich für 49,90€ ebenfalls beim Rheinwerk Verlag. Nach einer Woche sind Sie schlauer und wissen ganz genau über Keyword-Dichte, Content-Qualität, Medieneinsatz, Linkjuice, Usability u. v. m. Bescheid. Wie Sie nun wissen, sind Sie lediglich 99,80€ von Profiwissen über Websites und Internetauftritte entfernt. Preiswert, oder?

Ihren Domain-Namen müssen Sie unters Volk bringen. Sie können nicht auf die Gunst der Suchmaschine verlassen. Das heißt die Domain gehört aufs Auto, die Visitenkarte, die Flyer und was Ihnen sonst noch einfällt. Social Media bitte auf keinen Fall vergessen!

FOTOFOREN UND -DATENBANKEN

Neben Ihrer eigenen Homepage können Sie Ihre Fotos auch noch in Datenbanken und Fotoforen präsentieren. Als Beispiel nenne ich hier gerne Die Flickr Community, die Ihnen gratis Platz für Ihre Fotos zur Verfügung stellt. Wenn Sie Ihren Domainnamen samt Copyrightvermerk am unteren Rand Ihrer Fotos anbringen, dann gerät jedes Motiv in einen Werbeträger für Sie und Ihre Website.

SOCIAL MEDIA

„Muss sein" ist die einhellige Meinung beim Thema Fotografie und Social Media. Es gehört eben einfach dazu. Allerdings sind diese Aktivitäten aus meiner Sicht Fluch und Segen zugleich. Warum?

Egal ob Verkaufsportale oder Social Media-Systeme: Alle wollen von Dir nur das Eine: Deine Zeit. Und das funktioniert auch sehr zuverlässig. Es geschieht entweder durch E-Mails und interne Nachrichten an Dich oder durch Deine eigene Neugier.

Schließlich willst Du wissen, ob Deine Foto-Posts beim Publikum auch ankommen. Also schaust Du nach, ob sich etwas verändert hat. Durchschnittlich fünfmal am Tag wird Insta von den Usern geöffnet. Durchschnittlich!

Bevor Du hier aktiv wirst, solltest Du Dir einen Plan machen, wie Du agieren willst und wie oft Du kontrollierst, ob diese Aktivitäten auch die beabsichtigten Effekte bringen. Anderenfalls werden Deine Aktivitäten zum Zeitfresser Nummer eins für Dich. Achte darauf ganz genau!

Facebook

Nach meinen Erfahrungen sind Aktivitäten bei Facebook recht effektiv und bringen einigermaßen Traffic auf meine Homepage. Du kannst eine Extraseite für Deine Fotografie anlegen und dort um Publikum werben. Außerdem existieren sehr viele Fotografen- und Modelforen, die interessant für Dich sein können. Dort beantragst Du die Aufnahme und darfst dann nach den Gruppenregeln eigene Posts veröffentlichen.

Instagram

International aktiv werden kannst Du mit Instagram. Dort meldest Du Dich entweder privat oder gewerblich an und postest Deine Arbeitsergebnisse in die Insta-Welt hinaus. Das System wird Dich ähnlich wie bei Facebook durch Anfragen, ob Du nicht für mehr Reichweite bezahlen möchtest, gelegentlich nerven. Aus meiner Sicht ist Insta ein nettes System zur

Selbstbeweihräucherung und zum Fotos-anderer-Leute-gucken. Mehr nicht.

Wenn Du allerdings aus anderen Medien Öffentlichkeit erfahren solltest, dann wird Dir Insta plötzlich viele Follower vermachen. Hier geht es um Sehen und gesehen werden und um etwas Glanz von anderen abzubekommen. Willst Du dabei sein, schmiede Deinen Marketingplan und prüfe den Erfolg tagesaktuell. Bücher darüber sind ausreichend im Buchhandel erhältlich. Dies gilt übrigens auch für Facebook und Youtube.

Youtube

Dieses Videoportal hatte ich fast aus den Augen verloren, bis mir eben gerade beim Schreiben eine Idee kam, die ich garantiert selbst beim nächsten Shooting ausprobieren werde.

Bei YouTube muss Du Dich anmelden, erst dann kannst Du Videos hochladen. Nun zur Idee: Wie wäre es denn, wenn Du beim nächsten Shooting einen Mensch dazu holst, der mit Video aufzeichnet, was beim Shooting so passiert. Du kannst dann, vorausgesetzt Du hast Schnittsoftware (z.B. Adobe Premiere Elements für ca. 100€), die besten Momente zusammenschneiden und als „How-to"-Video bei YouTube veröffentlichen. Das finden Menschen sicherlich mindestens so interessant wie Deine fantastischen Fotoergebnisse, oder?

Selbstverständlich sind Deiner Kreativität hier keine Grenzen gesetzt. Ich persönlich finde die Verbindung von Fotografie und bewegten Bildern ziemlich Klasse.

Da Sie diesen Messenger sicherlich ohnehin für Ihre Kommunikation nutzen, können Sie ihn auch zu Marketingzwecken verwenden. Dazu dienlich sein können tägliche Statusmeldungen mit aktuellem Foto/aktuellen Fotos und Versand von diesen an interessierte Kontakte. So zeigen Sie sich und machen Ihre Dienstleistung sichtbar.

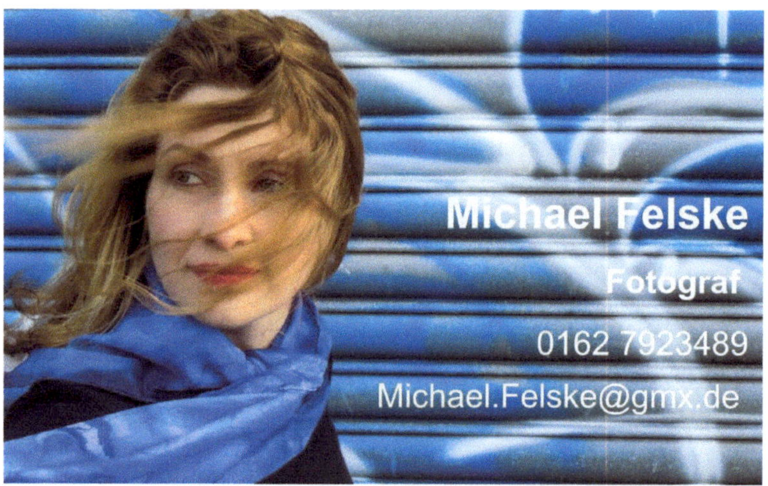

VISITENKARTEN

Visitenkarten zählen zur Standardausstattung. Idealerweise lassen Sie diese zweiseitig drucken und verwenden auf Vorder- und Rückseite die besten Ihrer Fotos. Die Rückseite meiner Visitenkarte oben zeigt ein Glaskugelfoto und nennt meine Internetadresse www.aspektederfotografie.de. Da ich hauptsächlich Porträtfotos aufnehme, zeigt die Vorderseite ein Porträt.

Günstige Angebote für Visitenkarten finden Sie bei vistaprint.de.

POSTKARTEN/FLYER

Dieses Unternehmen druckt auch Postkarten und Flyer. Hierbei handelt es sich um eine weitere Möglichkeit Ihr Portfolio zu präsentieren. Beide Arten von Werbeträgern können Sie überall dort auslegen, wo Sie Ihre Kunden vermuten.

HOW-TO-VIDEOS

Erfolgreicher als Bildershows Ihrer besten Fotos werden sicherlich Videos sein, in denen Sie bestimmte Arbeitsabläufe zeigen und so einen Einblick in Ihre tägliche Arbeit gewähren. Wenn ich mich für ein derartiges Projekt entscheiden würde, dann wäre Digital Makeup mein Thema. Tricks und Hinweise zur Bildbearbeitung von Porträtaufnahmen gehen weit über die hinlänglich bekannten Filter hinaus. Understatement ist gerade die Kunst, die beherrscht werden sollte. Digital Makeup soll auf keinen Fall sofort als solches erkannt werden.

Suchen Sie sich Ihr Thema. Möglich sind beispielsweise Bildkomposition, Architekturfotografie, Aktfotografie, Posing, Bildbearbeitung, Montage und vieles mehr.

Auch mit How-to-Videos machen Sie sich sichtbar und vielleicht entsteht dabei sogar ein Angebot, das Sie irgendwann einmal kostenpflichtig aufstellen können. Webinare gibt es zu zahlreichen Themen – Ihres fehlt noch!

NETZWERKEN

Nie wieder sprachlos: Tipps zum Smalltalken

Kennen Sie das auch? Sie stehen auf einer Party rum, kennen keinen Menschen und fragen sich: „Was in aller Welt mache ich hier? Warum habe ich diese blöde Einladung von dem Gastgeber angenommen, den ich kaum kenne? Und wie komme ich hier mit irgendwelchen Leuten ins Gespräch um nicht für den Rest des Abends als Mauerblümchen nutzlos in der Ecke rumzustehen?"

Ach, das kennen Sie überhaupt nicht? Bestimmt, weil Sie solche Einladungen erst gar nicht wahrnehmen? Klasse. Ich kenne das allerdings. Doch das muss nicht so unangenehm und ohne Nutzen sein. Die Lösung für derartige Startschwierigkeiten heißt Smalltalk. Übersetzt bedeutet dieses Wort „kleine Unterhaltung" oder „kleine Rede." Gemeint damit sind Themen, die allgemeingültig sind, nahezu jeden betreffen und zu denen fast jeder Partybesucher einen kleinen Beitrag leisten kann. So kommt die Kommunikation in Schwung, dadurch kommen Sie mit anderen Menschen leicht und locker ins Gespräch und wer weiß? Vielleicht ist Ihr Gegenüber ein möglicher neuer Kunde.

Jetzt fragen Sie sich über welche Themen Sie denn eine „kleine Rede" halten sollen. Stopp! Es ist kein Vortrag gemeint. Den können Sie gegen Honorar z.B. zum Thema „Langzeitbelichtung" bei der nächsten Volkshochschule halten.

Damit Sie es leichter haben, liste ich Ihnen einige unverfängliche Themen auf, mit denen Sie gleich bei der nächsten Fahrstuhlfahrt üben können.

Beruf und Berufstätigkeit

Sind Sie bei der örtlichen Wirtschaftsförderung oder einem Firmenevent eingeladen, dann können Sie mit diesem Themenbereich einfach punkten. Trauen Sie sich ruhig Fremde anzusprechen. Ja, Sie sollten Marketing für Ihr Unternehmen machen und endlich nicht mehr auf Ihre Mutter hören („Lass Dich nicht von fremden Männern ansprechen!"). Dieses Kindheitsmantra wirkt auch andersherum.

Einfachste Gesprächseröffnungen ergeben sich aus Äußerlichkeiten, wie z.B. der Ansteckkarte, die alle am Revers des Jacketts angeheftet tragen. Suchen Sie sich die heraus, von denen Sie glauben, dass sich neue Kontakte ergeben könnten, die sich für Ihr Unternehmen lohnen.

Mögliche Aufhänger können wie folgt lauten: „Sie sind im Marketing bei den Stadtwerken tätig. Die letzte Kampagne ist mir sehr positiv aufgefallen." Oder Sie sprechen den Bio-Getränkegrossisten an mit „Gesunde Lebensmittel finde ich ganz besonders wichtig. Außerdem ist mir aufgefallen, dass Bioprodukte auch geschmacklich ganz weit vorne liegen."

Wie Sie merken, sollten Sie sich zu jedem Menschen und zu jeder Branche etwas einfallen lassen. Bei meinem Beispiel „Einladung zu einer Veranstaltung der städtischen Wirtschaftsförderung ist es einfach. Es gab im Vorfeld eine Online-Anmeldung und unmittelbar vor dem Termin eine Gästeliste. Sollte derartiges der Fall sein, ist es für Sie ein „gefundenes Fressen", denn Sie können sich optimal auf Ihren kommenden Smalltalk vorbereiten. Wenn Sie richtig gut drauf sind, können Sie sich sogar Ihre Zielpersonen herauspicken und eine regelrechte Strategie entwickeln. Seien Sie kreativ, dann sind Sie nicht nur auf einer Party, sondern voll drin in der Kaltakquise für Ihr Unternehmen. Bei anderen Gelegenheiten sind die Themen Arbeit und Beruf (meist) sehr gut Einstiege für einen gelungenen Smalltalkbeginn.

Die Umgebung/Location

Alles, was Sie vor Ort sehen, wenn es sehenswert ist, kann smalltalktauglich sein. Ganz fein raus sind Sie, wenn Sie nähere Details über den Ort auf Lager haben. Ich kann Ihnen nur empfehlen: Lassen Sie es raus, denn die Leute werden Ihnen zuhören und mit Ihnen ins Gespräch kommen wollen. Sie erscheinen in diesem Fall interessant (zumindest interessanter als andere) und dadurch bezüglich der Kommunikation attraktiv. Wichtig ist einfach nur, dass Sie sich trauen den Mund aufzumachen. Wichtig ist beim Smalltalk generell, dass Sie gerne mit anderen ins Gespräch kommen möchten. Falls Sie über die Location auf das Thema Fotografie kommen wollen, dann verweisen Sie auf Besonderheiten, schöne Ereignisse oder zeigen einfach nur Sehenswertes. Wenn Sie dabei geschickt argumentieren, dann können Sie Ihre Überleitung irgendwann nach dem dritten oder vierten Wortwechsel anbringen.

Andere Menschen

Wenn Sie plötzlich merken, dass jemand die gleichen Bekannten hat wie Sie, dann sind dem erfolgreichen Party-Smalltalk Tür und Tor geöffnet. Haben Sie den gleichen Bekannten wie Ihr Gegenüber, dann erscheinen Sie gefühlt an Ihrem Gesprächspartner ein ganzes Stück näher dran. Positive Emotionen zu dem Bekannten werden dabei unmittelbar auf Sie übertragen. Aber Vorsicht: Auch das Gegenteil kann der Fall sein. Hier ist also ein gewisses Maß an Fingerspitzengefühl gefragt! .

Hobbys

Neben Beruf und Arbeit steht die Freizeit als Thema für gemeinsame Gespräche sehr hoch im Kurs. Über Freizeitaktivitäten jedweder Art können Sie sprechen. Reden Sie drüber, wenn Sie Tennis spielen oder in einer Folkband Geige, welchen Berg Sie als nächstes im Visier haben, wenn Sie gerne auf Berge steigen.

Gerade gestern Abend hatte ich das Vergnügen mit einem Menschen zu smalltalken, der die Berge in Nepal erklommen hatte. Er zeigte dabei sogar Fotos auf dem Smartphone (wegen der Glaubwürdigkeit, nehme ich an, da er nicht wie ein Bergsteiger rüberkam) und wir saßen lange Zeit zu Dritt zusammen. Ich hatte davon keine Ahnung, kannte aber ein paar historische dramatische Geschichten – es war ein gutes Gespräch. Ein Auftrag ist für mich dabei nicht rübergekommen. Egal, es war einfach toll. Vor allem habe ich dadurch mein Netzwerk erweitert – gleich um zwei Menschen.

Urlaub

Wenn Sie gerne reisen, dann erzählen Sie ruhig von Ihrem letzten Urlaub oder Ihrem kommenden Urlaubsziel. Nicht umsonst heißt es „Wer reist, der kann auch was erzählen!" Nutzen Sie diesen Themenbereich für sich und den Erfolg Ihres Unternehmens. Achten Sie dabei aber präzise darauf, dass daraus kein Monolog wird. Smalltalk ist geben und nehmen. Also lassen Sie bitte Ihre Gegenüber ebenso viel zu Wort kommen, wie Sie sprechen.

Sport

Immer wieder prima ist der gesamte Themenkomplex Sport. Wenn Bayern gegen Frankfurt gespielt hat und dabei 5:1 verlor, dann ist das an dem Sonntag DAS Thema an jedem Tresen und bei allen Anlässen, bei denen Menschen zusammenkommen. Eruieren Sie vorsichtig, welche Mannschaft die Lieblingsmannschaft Ihres Gegenübers ist, bevor Sie z.B. von den glorreichen Aktionen der Frankfurter schwärmen. Denn dann kann Ihr Ansinnen gleich nach hinten los gehen und Sie sind der Böse, den keiner mehr leiden mag. Wenn Sie selbst eine Sportart ausüben – umso besser. Erstens kennen Sie dann ohnehin eine Menge Leute, die wieder welche kennen usw. Außerdem haben Sie damit einen gewaltigen Sprachvorrat, den Sie herauslassen können.

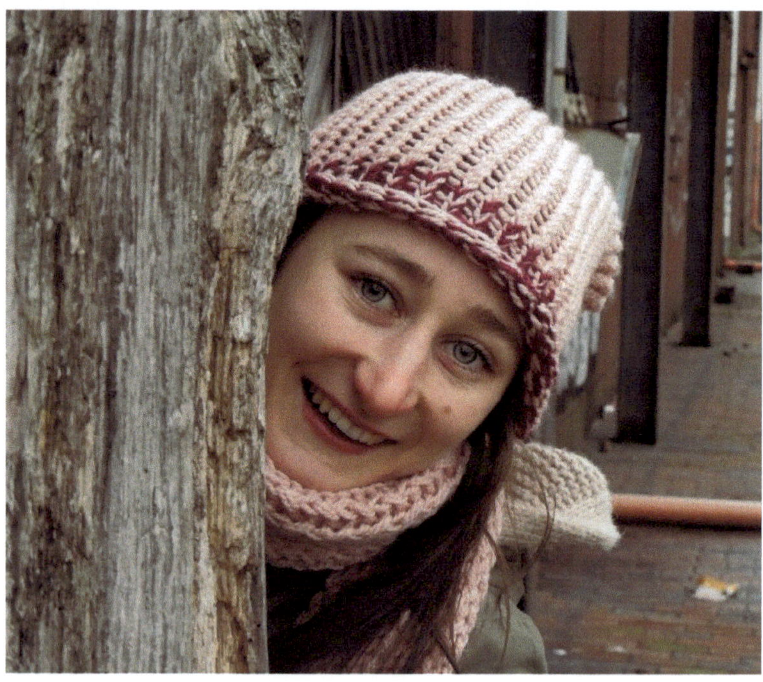

KALTAKQUISE

Mit Akquise neue Kunden gewinnen

Die Hummel

„Ich kann doch nicht einfach da anrufen", meinen Sie Du und legen Ihr Handy zur Seite. Sie brauchen Aufträge, möglichst viele sogar. Und was machen Sie? Sie setzen sich selbst eine schier unüberwindbare Grenze. Das ist schlecht für Ihren Umsatz, Ihren Gewinn und vor allem für Ihr Selbstvertrauen. Sie haben etwas zu bieten. Ihr Konzept hatten Sie sich hart erarbeitet. Also denken Sie niemals, dass Sie etwas nicht können. Denken Sie lieber einmal an eine Hummel. Dieses Tier wiegt 1,2 Gramm und hat eine Flügelfläche von 0,7 Quadratzentimeter, bei 1,2 Gramm Gewicht. Sie können alle Regeln der Flugzeugtechnik studieren: Dort steht geschrieben, dass keiner unter diesen Umständen fliegen kann. Einfach kein Abheben möglich. Aber was macht die Hummel. Sie kennt sich in Flugzeugtechnik wirklich nicht aus. Sie schert sich nicht darum und fliegt einfach! Genauso sollten Sie sich auch verhalten, wenn es um Akquise für Ihr Unternehmen geht.

Das Gesetz der Zahl ist alles, was zählt

Sie brauchen neue Aufträge? Dann sind Sie derjenige, der darüber entscheidet, wie viele Verträge Sie in Zukunft abschließen werden. Rufen Sie nur fünf Menschen an, und damit meine ich Entscheidungsträger in der Wirtschaft, dann ist der Nährboden für Ihren Erfolg unheimlich (im wahrsten Sinne des Wortes) gering. Ich meine, dass Sie damit nur im Glücksfall erfolgreich sein können, wenn Sie gerade in dem Moment anrufen, wenn der Entscheider über die Fotografenfrage nachdenkt und gerade keinen kennt.

Was heißt das nun für Sie? Wie bei jedem Handelsvertreter gilt auch für Sie die Aussage „Anzahl der Kontakte, Anzahl der Kontrakte." Daraus folgt: Sie müssen wesentlich mehr Anrufe tätigen oder auf anderen Kanälen Gespräche führen. Ihre Dienstleistung zu verkaufen, bedeutet Sie müssen Menschen suchen, „Menschenfänger" werden. Menschen, für die Ihr Angebot attraktiv ist.

Mein Vorschlag lautet: Erweitere Dein Netzwerk und rede mit mindestens 20 Menschen jeden Tag. Ein befreundeter Musiker meinte dazu nur folgendes: „Ein Nein habe ich ja schon. Ich kann mir höchstens ein Ja abholen."

Wie Sie sehen: Die Menge der Aufträge bestimmen allein Sie! Dieser Weg kann für Sie unterschiedlich steinig sein, denn eine der wichtigsten Voraussetzungen für einen Verkaufserfolg ist die Fähigkeit zur Akquise. Diese ist den meisten Menschen keinesfalls angeboren. Allerdings konnte ich in der Vergangenheit in meinen theoretischen und praktischen Akquise-Seminaren feststellen, dass einige Leute keinerlei Scheu haben, irgendwo anzurufen und nach einem Job als Betriebswirt oder Geologe oder Dr. der Chemie zu fragen. Wer fragt kriegt Antworten und möglicherweise schneller einen Job/Auftrag als diejenigen, die sich nicht auf den Weg machen, die Akquise zu erlernen. Ja, auch das können Sie lernen. Wichtig ist, dass Sie den Anfang machen. Nehmen Sie sich einen festen Termin mit Uhrzeit vor und starten Sie Ihre Kundenfindung per Telefon für Ihr Unternehmen.

Dabei brauchen Sie Ihre Ansprüche nicht sehr hochschrauben. Es ist absolut unrealistisch aus jedem Telefonkontakt einen neuen Kunden zu generieren. Wenn das möglich wäre… das Bruttosozialprodukt der Bundesrepublik Deutschland wäre um einiges höher als es ist. Außerdem, und das müssen Sie verstehen, gibt es recht viele Menschen, die sich selbst durch Ihre ausgefeilte Kommunikationsstrategie nicht ins Boot holen lassen. Die sagen einfach „Nein, kein Interesse" und legen einfach auf.

Mein Studium der Kommunikationswissenschaften habe ich mir zum Teil mit der Tätigkeit in einem Callcenter finanziert. Wir führten damals Meinungsumfragen in Haushalten aber auch bei Meinungsführern aus Politik und Wirtschaft durch. Gerade bei Haushaltsbefragungen haben viele Menschen abgewunken. Macht nichts, rief ich doch sofort die nächsten Leute an. Ich meine mich erinnern zu können, dass ungefähr 70 Prozent mitgemacht haben. Dementsprechend kassierte ich 30 Prozent Absagen. Das war keineswegs eine schlechte Quote. Ich bekam Stundenlohn und musste sowieso weiter telefonieren. In der gleichen Situation sind Sie auch. Sie brauchen einen Auftrag und werden deshalb auch weiter telefonieren. Selbst wenn Sie die erste Zusage/ersten Auftrag ergattert haben, werden Sie weiter telefonieren, denn Ihr Unternehmen braucht Umsatz. Schließlich wollen Sie nicht von der Hand in den Mund leben, sondern auch einmal einen Liquiditätsplan erstellen, der sich sehen lassen kann.

Bisher war nur von telefonischer Kundengewinnung die Rede. Selbstverständlich gibt es verschiedene Methoden, nicht nur Telefonakquise. Mehr über Kundengewinnung erfahren Sie im folgenden Abschnitt.

Arten der Kundengewinnung

Networking

„Networking im Gehen" ist das für mich ungewöhnlichste Manöver der Kundengewinnung überhaupt. Menschen verabreden sich. Keiner kennt den nächsten. Auf Kommando läuft man als Pärchen los und talkt miteinander. Jeder hegt dabei ein bisschen Hoffnung, dass er/sie einen passenden Gesprächspartner kennenlernt, der in sein Akquise-Beuteschema passt. Nicht jedes Mal wird es ein Erfolg, aber Sie wissen ja: „Anzahl der Kontakte = Anzahl der Kontrakte."

Es muss nicht unbedingt diese zuerst einmal befremdliche Methode des Networking sein. Wenn Sie Networking mit „Netze knüpfen" übersetzen, kommen Sie der Sache schon schnell auf die Schliche. Das bedeutet Sie müssen raus, unter Leute und smalltalken. Schön, wenn Sie fachlich zu Ihnen und Ihrem Unternehmen passende Anlässe finden. Aber auch zahlreiche auf den ersten Blick branchenfremde kommen für Sie in Frage. Leben Sie in einer größeren Stadt mit vielen Galerien? Dann besuchen Sie doch einfach einmal die nächsten Vernissagen und kommen mit den anderen Besuchern ins Gespräch. Selbstverständlich Sie mit Visitenkarten oder vielleicht sogar mit Flyern bewaffnet und können so Spuren hinterlassen. Gerne greife ich hier nochmal die örtlichen Wirtschaftsförderungen aus einem vorigen Kapitel auf. Sicherlich wird es eine ähnliche Behörde auch in Ihrer Stadt oder der nächstgrößeren Nachbarstadt geben. Sorgen Sie dafür, dass Sie eingeladen werden. Genauso verfahren Sie mit der „Ihrer" IHK. Auch dort finden Veranstaltungen statt, die Unternehmer mit größerem Bankkonten besuchen, als Sie es am Anfang Ihrer Berufstätigkeit haben werden. Ebenfalls in Frage kommt der örtliche Gewerbeverein. Die Mitglieder schalten meist gemeinsam Werbung in der Lokalzeitung. Sind Sie Mitglied, sind Sie mit dabei. Die Handwerker und Dienstleister um Sie herum brauchen mit Sicherheit auch Werbefotos. Ab sofort übernehmen Sie diese Aufgabe.

Ich kann hier nur folgenden Tipp loswerden: Gehen Sie mit offenen Augen durch die Welt und gleichen ab, was das, das Sie sehen mit Ihrem Unternehmen zu tun haben kann. Werden Sie diesbezüglich kreativ, denn Networking kann jeder genauso lernen wie Akquise.

Messe-und Kongressbesuche

In nahezu jeder Großstadt gibt es Messen und Kongresse. Für Sie ermöglichen diese Ihren Einsatz als Helden der Akquise. Eine kurze Geschichte für Zweifler: Für einen Job in Lateinamerika brauchten wir (drei Kollegen) Flugtickets und Hotelunterkünfte. In Berlin klapperten wir auf der Landwirtschaftsmesse und der Tourismusbörse die passenden Aussteller ab und ... waren völlig erfolgreich. Mit Tickets und Vouchers beendeten wir unseren mehrtägigen Messebesuch: Wir hatten für unser Projekt Sponsoren gefunden, die uns mit mehreren tausend DM unterstützten.

Wie Sie lesen: Nichts ist unmöglich! Auf Messen und Kongressen ist die Gesprächsbereitschaft der Aussteller sehr groß, denn alle wollen Geschäfte machen. Dass auch Sie dazu zählen, wird Ihnen keiner verübeln. Im Gegenteil: Wenn Sie einem Unternehmen helfen können, dann ist auch Ihnen geholfen.

Anzeigenveröffentlichungen

Als nicht besonders effektiv betrachte ich Text- und Bildanzeigen, die in Zeitungen veröffentlicht werden. Fachleute haben in einer Untersuchung festgestellt, dass Ihre Anzeige 28-

mal erscheinen muss, damit ein potentieller Kunde sie auch zum ersten Mal liest. Berechnen Sie einmal diese Kosten! Da sind Sie mit der Handyflatrate und Telefonakquise wesentlich besser bedient. Doch das ist nur meine Meinung. Wenn Sie andere positive Erfahrungen gemacht haben, bleiben Sie dabei.

Verfasser von Fachartikeln

Wenn Sie viel wissen, dann sind Sie wirklich im Vorteil. Beispielsweise können Sie je nach Jahreszeit Artikel zum Thema Fotografie verfassen und Anzeigenblättern und höherwertige Fachmagazinen zur Veröffentlichung anbieten. Themen für Anzeigenblätter sind u.a. „Kleinkinder fotografieren", „Haustiere fotografieren", „Sportfotos aufnehmen", „Fotografieren im Schnee", „Gegenlichtaufnahmen erfolgreich belichten" usw. Für Fachmagazine bieten sich Produkt-Tests an. Hier brauchen Sie aber etwas Zeit um sich in diesem Bereich ein solides Standing zu erarbeiten.

Mitgliedschaften in Vereinen und Verbänden

Vereine und Verbände bedeuten jede Menge Menschen, die regelmäßig zusammenkommen. Das wird fette Beute für Sie, wenn Sie sich trauen Leute anzubaggern. Gemeint sind nicht nur Fotografenberufsverbände. Ich finde auftragstechnisch betrachtet Sport- und Schützenvereine wesentlich interessanter. Erkundigen Sie sich, welche Vereine bei Ihnen ums Eck existieren und schmieden Sie Ihren Plan.

Haben Sie einen Auftrag beim Schützenkönig erfolgreich erledigt, dann bitten Sie genau diesen Auftraggeber um eine Weiterempfehlung. Sammeln Sie diese Telefonnummern und arbeiten Sie diese „Fälle" ab. Durch eine Empfehlung sind Sie am möglichen neuen Kunden näher dran.

Tipp: Firmengründungen per Brief Dienstleistung anbieten

Ein regelmäßiger Blick in die Publikationen des örtlichen Handelsregisters ermöglicht Ihnen die Kenntnis über Firmengründungen. Da Anschriften mit angegeben sind, können Sie dies als Anlass für einen Werbebrief an die neuen Unternehmen nehmen und auf Ihr Unternehmen/Ihre Dienstleistungen hinweisen. Vielleicht brauchen diese Unternehmen ja noch Porträts für die Website?

Argumentieren in der Akquise

Warum ist Argumentation so sehr wichtig?

Eine gute Argumentation hilft Ihnen erfolgreich zu sein. Sie ist die wichtigste Fähigkeit für Sie als Anbieter/Verkäufer. Aus Kundensicht unterstützt die gute Argumentation Ihre Überzeugungskraft: Ihr Gesprächspartner versteht den Nutzen Ihrer Dienstleistung und wird davon überzeugt.

Ablauf einer guten Argumentation

Gibt es ein Geheimrezept für eine gute Argumentation? Mit Sicherheit nicht, allerdings gibt es einiges zu beachten. Aus verständlichen Gründen ist die gute Argumentation z.B. für Architekten anders als für Immobilienmakler. Daraus folgt, dass die Argumente auf die **Zielgruppe** ausgerichtet sind. Sie sind also zielgruppenspezifisch.

Ohne **Vorbereitung** wird es Ihnen bestimmt nicht gelingen zu Überzeugen. Wer das aus dem Stegreif beherrscht, sollte sein Geld nicht als Fotograf, sondern als Hausverkäufer o.ä. verdienen. Das liegen die Erträge wesentlich höher. Herkömmlich talentierte Menschen brauchen eine gute und umfassende Vorbereitung. Ohne die läuft gar nichts. Übrigens: Die Vorbereitung sollten Sie im stillen Stübchen laut trainieren!

Hören Sie in der Unterhaltung/im Ablauf Ihrer Argumentation **Gegenargumente**, dann greifen Sie diese auf. Wenn Sie tief in der Materie drinstecken, dann können Sie Gegenargumente möglicherweise auch vorweg nehmen und so den „Gegenwind" abschwächen.

Ihre Rhetorik sollte treffsicher sein. Am besten verstehen Menschen eine Sprache in **Bilder**n und **Metapher**n. Sagen Sie beispielsweise nicht „Sie haben recht!" sondern besser „Da haben Sie genau ins Schwarze getroffen!"

Da Sie Ihre Dienstleistung bestens kennen, sind Sie auch in der Lage, diese exakt und verständlich zu erklären. Beispiel: Erläuterung der rechtlichen Umstände bei Drohnenaufnahmen. Dass Sie die wichtigsten Argumente nicht unerwähnt lassen, versteht sich von selbst! Denken Sie immer daran, dass der Kunde nicht die Dienstleistung kauft, sondern die Produkte.

Akquisefeinde

Nach Ihren ersten Akquiseversuchen werden Sie die typischen Feinde der Akquise kennengelernt haben. Es handelt sich im Einzelnen um Ausreden (Ich habe im Moment keinen Kopf dafür!), Killerphrasen (Haben Sie nicht genug Aufträge oder warum halten Sie mich von der Arbeit ab?), Angst vor Neuem und Angst vor Veränderung (Das haben wir noch nie so gemacht!), Aufschieberitis (Ich melde mich morgen bei Ihnen. Heute kann ich das nicht entscheiden!), Verantwortungsscheue (Darüber entscheidet nur Herr Meier. Der ist im Moment im Urlaub!)

Gute Vorbereitung bedeutet, dass Sie für solche Fälle bestens gewappnet sind und argumentieren können! Wichtig: Kaufen hängt von Gefühlen ab, Gefühle stehen an erster Stelle. Logik folgt erst auf Platz zwei.

Ablauf Akquise

Wer keine Ziele hat, der wird auch keine erreichen. Aus diesem Grund ist es wichtig, dass Sie sich Ziele setzen. Auf dem Weg dorthin hilft Ihnen eine Kommunikationshilfe. Damit meine ich eine schriftliche Vorlage, die Sie beim Gespräch unterstützt. Erstellen. Sie legen die gesamte Strategie für das Gespräch fest und manifestieren Ihre Qualitäten durch eine professionelle Präsentationsmappe.

Derartig bewaffnet kann die Akquise des Kundengesprächs starten: Sie telefonieren mögliche Kunden ab, nutzen Ihre Kommunikationshilfe dabei und machen die ersten Erfahrungen.

Ein früherer Bekannter verdingte sich einige Wochen als

Akquisiteur für Beratungsgespräche eines lokalen Internetproviders bei Gewerbekunden. Er war auch für die Beratungsgespräche zuständig. Die Wocheneinteilung war wie folgt: Er telefonierte an vier Tagen über acht Stunden und arbeitete am fünften Tag die realisierten Termine ab. Durchschnittlich führte er mehr als 300 Telefongespräche für seine sieben Beratungstermine. Nur am Rande bemerkt: Von den sieben Terminen gerieten bei den Gewerbetreibenden zwei in Vergessenheit, fünf Beratungsgespräche hat mein Bekannter geführt und einen Vertrag geschlossen. Ich gehe davon aus, dass Sie nicht durch eine Quote von 320:1 gequält werden. Professionelle Fotos helfen Geld zu verdienen.

Kommunikationshilfe für Telefonakquise entwickeln

Sie verfassen eine Liste, die Ihnen als Kommunikationshilfe dient: Darauf notieren Sie Kundenvorteile, die angesprochen werden können, mögliche Fragen und Einwände des Kunden, Antworten auf diese Fragen und Einwände, Fragen nach Ihrer Qualifizierung während des Telefonats, Fragen zur Vereinbarung eines Angebotes , Fragen zur Vereinbarung eines Termins sowie Nachfragen bei einem erstellten Angebot.

Erstellen Sie zusätzlich eine Liste mit möglichen Kundenfragen und formulieren Sie Ihre Antworten darauf. Dies wird Ihnen das Telefongespräch ebenso erleichtern wie später den Termin vor Ort.

Kundengespräch vor Ort

Ihre Telefonakquise war erfolgreich, vor Ihnen liegt der erste Termin in den Geschäftsräumen des möglichen Kunden. Werfen wir einen Blick auf den Beginn: Sie haben am Vorabend die Bekleidung für den Termin zurechtgelegt. Die Schuhe sehen perfekt aus, die Frisur sitzt. Sie tragen mindestens ein Sakko mit Hemd. Krawatte ist nicht unbedingt notwendig. In Ihrer Tasche/in Ihrem Koffer/auf Ihrem Tablet befindet sich die Präsentation Ihres kundenspezifisch ausgerichteten Portfolios. Sie kennen den Weg zum Kunden und machen sich rechtzeitig auf den Weg. Dort erscheinen Sie pünktlich und werden von einer Mitarbeiterin/einem Mitarbeiter zu Ihrem Gesprächspartner geleitet.

Warum weise ich auf diese Fakten oben hin? Antwort: Es gibt keine zweite Chance – der erste Eindruck zählt im Business! Vergessen Sie das nie.

Das Kundengespräch verläuft individuell, Sie sind freundlich und reden über Sachverhalte, die Ihren Kunden interessieren. Nur darüber – alles andere scheidet aus.

Mit oder ohne Abschluss: Sie verabschieden sich freundlich und verbindlich.

DIRECT-MARKETING

Direkt-Marketing setzt bei Entscheidung für Briefversand hohen Geldeinsatz voraus. Adressen müssen gekauft und die Dienstleistung bezahlt werden. Unternehmen, die Ihnen hier weiterhelfen, finden Sie via Suchmaschinen.

Erledigen Sie Briefausdruck und Versand eigenhändig, dann rechnen Sie mit hohem Zeiteinsatz und enormen Portokosten. Umschläge und Farbpatronen kommen noch hinzu.

Vorsicht ist geboten beim Verwenden der Anschriften aus den Gelben Seiten: Dies ist nicht erlaubt und eine Straftat! Ebenso rechtliche Probleme erarbeiten Sie sich beim E-Mailversand an fremde Unternehmen und Privatpersonen. Mit „fremd" ist gemeint, dass Sie noch niemals in schriftlichem Kontakt mit diesen Personen oder Betrieben/Institutionen standen. Was also nicht rechtmäßig wäre ist beispielsweise eine Angebots-Mail an 50 Kirchengemeinden in Ihrer Umgebung. Wenn Sie angezeigt werden, haben Sie ein Problem! Telefonanrufe bei Privatpersonen sind ebenfalls nicht erlaubt. Finger weg davon!

WEITERE MÖGLICHKEITEN FÜR KUNDENKONTAKTE

Ausstellungen

Lagern in Ihrem Archiv überzeugende Fotos zu einem Themenbereich, die sich für eine Ausstellung eignen? Wenn ja, dann telefonieren Sie die Galerien in der Umgebung ab und verschicken Sie im Anschluss bei Interesse ein pdf mit Ihren Werken. Ausstellungen locken Besucher an und die könnten zu neuen Kunden werden. Oder – schöner noch – einzelne ihrer Fotos kaufen.

Außerdem: Künstler und Galeristen brauchen gelegentlich auch Reproduktionen ihrer Werke und Ausstellungsstücke. Deshalb kann sich der regelmäßige Besuch einer Vernissage lohnen. Selbstverständlich sind Sie mit Visitenkarten und Tablet bewaffnet. Auf dem Tablet halten Sie Ihr pdf zum Vorzeigen bereit.

Galerie eröffnen

Denken Sie über die Anmietung eines eigenen Fotostudios nach? Falls ja, warum planen Sie nicht gleich auch einen Showroom mit ein. Den nennen Sie dann Galerie und statten ihn zuerst mit eigenen Fotos aus, So kommen Sie regelmäßig und völlig gratis in die Veranstaltungskalender der Medien. Später können Sie auch Fotos anderer Fotografen ausstellen.

Museum gründen

Gleiches gilt auch für die Gründung eines Technikmuseums. Hier finde ich mich wieder, denn seit Jahren sammle ich historische Fotoapparate. Vorhanden sind beispielsweise jeweils ein Exemplar aller Boxkameras, die jemals in Deutschland hergestellt wurden.

Sollte ich jemals ein Studio anmieten wollen, dann werde ich zugleich Museum und Galerie eröffnen. Die nötige Öffentlichkeitsarbeit wird dann weniger Hürden zu überwinden haben als die eines Fotografen allein.

KUNDENBINDUNG

Kundenbindung heißt langfristig Erfolge sichern. Um es mit Henry Fords Worten zu sagen: „Der Verkauf eines Autos ist nicht der Abschluss eines Geschäfts, sondern der Beginn einer Beziehung."

Kundenbindung ist Teil der Unternehmensstrategie hin zu Unternehmenserfolg, die mit Kundenorientierung beginnt, für Kundenzufriedenheit sorgt, zu Kundenbindung führt und letztendlich Unternehmenserfolg sichert. Doch schauen wir uns die einzelnen Schritte einmal genauer an:

Kundenorientierung: Sie punkten mit Produktqualität, passendem Preis und Service sowie Unternehmenskommunikation nach außen. So werden mögliche Kunden auf Ihr Unternehmen aufmerksam und trauen Ihnen die auf sie zugeschnittene Dienstleistung zu. Sie werden dann zu Kunden.

Kundenzufriedenheit: Ihre Ergebnisse begeistern Ihre Kunden. Daraus entwickelt sich Stück für Stück eine Loyalität Ihnen gegenüber, die Kunden zu Stammkunden werden lassen kann. Ihr Job auf diesem Weg: Gehen Sie in Dialog mit Ihren Kunden und verschaffen Sie sich ausreichendes Wissen über sie.

Kundenbindung: Ihre Kunden beglücken Sie regelmäßig per E-Mail mit Neuigkeiten und Angeboten aus Ihrem Unternehmen, bitten sie um Weiterempfehlung, senden Glückwünsche zum Geburtstag, Hochzeitsfotografen schicken die besten Wünsche zum Hochzeitstag und was Ihnen sonst noch einfällt. Selbstverständlich können Sie auch Kundenkarten herausgeben, einen „Club" gründen oder Workshops anbieten. Immer, wenn Sie sich bei Ihren Kunden sichtbar machen, machen Sie etwas richtig! Dies führt zu weiteren Aufträgen und möglicherweise auch zu Neukunden.

Unternehmenserfolg: Am Ende dieser Kette oder, besser gesagt, am Ziel steht der Erfolg Ihres Unternehmens. Ihr Umsatz steigt, Sie werden bekannter und verärgern die Konkurrenz, weil Sie ihr Marktanteile wegschnappen.

Wenn Sie die oben aufgeführten erforderlichen Aktionen Revue passieren lassen und dann an den Pärchenfotografen mit dem 70€-Angebot denken, dann erahnen Sie schnell, dass dieser Betrieb keine echte Chance auf Unternehmenserfolg haben kann. (Es sei denn, er arbeitet ausschließlich mit Praktikanten!)

Warum ist Kundenbindung in der heutigen Zeit so wichtig?

Dass diese Frage durchaus berechtigt ist, erörtern wir jetzt. Der **Wettbewerb** insgesamt ist schärfer und härter geworden. Die Meisterpflicht zur Anmeldung eines Fotografengewerbes existiert nicht mehr. Das sorgt für eine höhere Anzahl von Anbietern vor Ort. Ferner nimmt auch die Konkurrenz durch das Internet zu. Fotoerzeugnisse sind online bestellbar und das zu Preisen, auf die Sie sich niemals einlassen dürften. Ferner können viele Menschen mit ihren Druckern Abzüge in DIN A4 erstellen. Dafür werden Sie nicht mehr gebraucht. Was daraus folgt? Eine Spezialisierung beispielsweise auf Restaurant- und Hotelfotografie bei Neubauten ist keine schlechte Idee. Erarbeiten Sie sich Ihr eigenes Special!

Nicht nur die technologische Entwicklung verändert Fakten. Auch Ihre **Kunden** haben sich mit den Jahren verändert. Die Lektüre von Fotomagazinen ist nicht mehr so angesagt wie früher. Kunden informieren sich im Internet über Dienstleistungen, Produkte und Preise. Es lässt sich durchaus behaupten, dass Kunden heutzutage informierter sind als früher. Das liegt auch an der Lektüre der vorliegenden Bewertungen von Dienstleistungen sowie der Einträge in Internetforen zu speziellen Themen. Dieses Wissen ermöglicht Kunden ein zielgerichteteres Vorgehen bei der Suche.

Und was bedeutet das für Sie? Wenn Sie meiner Empfehlung gefolgt sind und das Buch über Suchmaschinenoptimierung gelesen haben, dann können Sie mit der Vokabel „User Intent" ganz bestimmt etwas anfangen. Grob übersetzt heißt das „Absicht" oder „Zweck" bei einer Suche. Auf Ihr Angebot, Ihre Dienstleistung übertragen bedeutet das, dass Sie sich in Ihre

Kunden hineinversetzen sollten, damit Sie erahnen, was Ihre Kunden (von so einem wie Ihnen) wollen, welche Absichten sie haben. Weiter oben schrieb ich von Wissen über Ihre Kunden. Jetzt verstehen Sie genau, was das heißt.

Kundenbindung ist das beste Erfolgsrezept!

Mein Bruder war jahrelang Kaufhausleiter in Hamburg. Von ihm habe ich gelernt, was seine Firma alles auf die Beine gestellt hat um Kundenbeschwerden in positive Gefühle umzuwandeln und um Kunden langfristig zu binden. Warum? Weil sich eine Kette von Konsequenzen öffnet, die bares Geld wert ist: Gebundene Kunden sind für Ihr Unternehmen wertvolle Kunden. Wertvolle Kunden sind Kunden, die Ihrem Unternehmen hoffentlich treu bleiben. Treue Kunden wertschätzen Ihre Dienstleistungen und greifen oft darauf zu. Treue Kunden kaufen als regelmäßig bei Ihnen. Empfehlungen für Ihr Empfehlungsmarketing liefern treue Kunden sicherlich gern. Das Ergebnis insgesamt lautet: Treue Kunden realisieren Ihre Gewinne!

IDEEN ZUM GELDVERDIENEN

Archiv-Dias warten auf Verkauf

Spezielle Themen sind das Lebenselixier der Bildagenturen. Manche beschäftigen sich mit fremden Ländern, andere mit Kultur in Osteuropa oder mit Schauspielerei. Wenn Sie viele Motive aus einem Themengebiet im Archiv haben und aktuell weiter auch daran arbeiten, dann lohnt sich der Kontakt zu den Bilderdiensten.

Eine komplette und wirklich umfangreiche Adressenliste von Agenturen enthält das Nachschlagewerk "Stamms Leitfaden durch Presse und Werbung" (erhältlich im Buchhandel, kostet ungefähr EURO 100,-). Für jede Agentur sind Tätigkeitsschwerpunkte angegeben, Sie brauchen nur noch Ihre Bilder hinschicken. Besser ist es allerdings, nach meinen Erfahrungen, vorher mit den Bilderdiensten zu telefonieren und abzuklären, ob überhaupt ein ernstzunehmender Bedarf besteht.

Wenn Sie einen erfolgreichen Kontakt hergestellt haben, dann steht möglicherweise einer weiteren Zusammenarbeit nichts mehr im Wege. Manche Agenturen haben auch Suchlisten, die Sie sich zusenden lassen können. Gefragt sind bei den Agenturen ausschließlich Dias. Die Themen, mit denen sich die Agenturen genauer befassen, erfahren Sie im Gespräch. Dementsprechend können Sie Ihr Archiv durchforsten und die erste Lieferung vorbereiten. Im Angebot haben sollten Sie auch die Garantie der weiteren aktuellen Produktion zum gleichen Thema. Weiterführende Tipps und Hinweise sind hier nicht nötig, denn selbstverständlich muss die Qualität der Bilder stimmen. Die nämlich entscheidet über Ihren Erfolg.

Bescherung für Blattmacher: Bildnachrichten mit Mehrwert

Mit wachem Blick das Umfeld abtasten, bringt massig interessante Motive für Anzeigenblätter. Jede Regung im gewerblichen Bereich kann ein Thema sein, das Ihnen Honorare einbringt. Aber nur, wenn Sie sich für das X-te Firmenjubiläum des Schlachters von nebenan nicht zu schade sind.

Reichlich mit Arbeit eingedeckt sind die sogenannten "Blattmacher", die von der Informationsbeschaffung und Recherche über Fotografieren und Schreiben bis hin zu Seitenlayout und Umbruch am Redaktions-PC das Meiste alleine bewältigen müssen. Zur Seite stehen Ihnen ein paar Freie, die zum Pauschaltarif arbeiten oder pro Foto bezahlt werden. Sie werden, wenn Sie es nur richtig wollen, bald dazu gehören. Bringen Sie sich hier mit Ihrer Qualität ins Spiel. Sie werden staunen, wie schnell Ihr Motiv den Weg über den Redaktionsscanner ins Blatt findet. Bei alle dem ist Flexibilität angesagt.

Sie dürfen sich bei diesen Redaktionen natürlich nicht zu schade sein, eine Werbeveranstaltung eine Kaufhauses oder das fünfjährige Jubiläum eines Autohauses aufs Zelluloid zu bannen. Halten Sie in Ihrem Umfeld die Augen offen, denn eines ist gewiss: Im lokalen Berichterstattungsbereich liegen die Motive und die Geschichten auf der Straße. Schauen Sie sich um, fragen Sie alle Menschen, die Sie kennen, die in Vereinen aktiv sind oder mit ihrem Gewerbe etwas Interessantes veranstalten oder betreiben. All das sind Ursprünge für Ihre Motive, Ihre Fotos und Ihr Geld! Vielleicht gibt es ja in Ihrer Umgebung Menschen, die irgendetwas Besonderes machen oder sammeln, wie der Zinn- und Lineolfigurensammler Bodo Levkowicz oben auf dem Foto.

An den anderen Bildern können Sie erkennen, was fotografisch bei nur einem Besuch für Sie herauszuholen ist.

Denken Sie bei alldem daran, dass Anzeigenblätter gelesen werden, weil die Menschen Tipps für das Wochenende und Anregungen zum preiswerteren Einkauf haben wollen. Was lernen Sie nun daraus? Ganz einfach: Planen Sie die Zeit im Voraus. Die Blattmacher sind den Lesern eine Woche im Voraus. Planen Sie einfach drei oder vier Wochen weiter und agieren Sie. Organisieren Sie sich Termine mit Menschen, die Tipps für andere haben. Diese Bildnachrichten (Fotos und ein paar Zeilen Text dazu) schlagen Sie garantiert bei der Redaktion los.

Zusätzlich kommt jetzt noch ein ganz wichtiger Gesichtspunkt mit ins Spiel, den Sie auf gar keinen Fall außer Acht lassen sollten. Denken Sie daran, dass ein Jahr bestimmte wiederkehrende Fakten hat. Dazu zählen Weihnachten und Silvester ebenso wie Ostern, Sommerferien mit Hitze wie Erntedank und bunte Herbstlandschaft. Ich möchte die Stichpunkte nicht weiter ausführen, sondern überlasse es Ihnen. Wenn Sie dies kreativ tun, dann sollten Sie eigentlich sofort mit einer Hand nach Ihrem Fotokoffer (schlauer eine Fototasche inklusive Kamera mit Universalzoomobjektiv) tasten und schon auf dem Sprung sein.

Wenn dem so ist und Sie so geartet sind, dann brauche ich mir um Ihre Karriere weiter keine Sorgen machen, denn dann haben Sie mich bereits voll und ganz verstanden. Für alle anderen noch mehr Klartext: Verschaffen Sie sich einen STEHSATZ, ein Archiv mit genau diesen Motiven und ergänzen Sie es stets jahreszeitgemäß. Fangen Sie sofort damit an und bieten Sie diese Bilder umgehend allen Ihnen bekannten Redaktionen in 200 Kilometer Umkreis rund um Ihren Wohnort an.

Redakteure sind genau dafür stets sensibel und werden Ihre Bilder beachten. Ganz intensiv sogar am Morgen, wenn ihre Zeitungsseiten noch weiß sind und die Arbeit des Tages geplant wird. Ihr Schicksal kann dabei dann höchstens sein, dass über dpa oder eine andere Agentur auch ähnliche Bilder den Redakteuren vorliegen, die dann nicht wie Ihre gesondert bezahlt werden müssen.
Sie haben aber mit Ihren weitestgehend lokalen Motiven buchstäblich einen wirklich großen Heimvorteil vor den Agenturen. Und den sollten Sie wirklich nutzen. Jetzt sofort!

Ein gut sortiertes Archiv bringt Ihnen auch bei Beilagen mit Sonderthemen leicht etwas ein.

Buntes Muster ohne Wert

In vielen Anzeigen wird Ihnen ein Presseausweis versprochen. Das jedenfalls ergab eine Recherche im Kleinanzeigenmarkt verschiedener Fotomagazine. Dass diese Ausweise keinen Pfifferling wert sind, sollte Ihnen eigentlich klar sein. Lassen Sie bloß die Finger davon.

Sie wollen einen Presseausweis und antworten auf eine der zahlreichen Anzeigen in Fotofachzeitschriften? Garantiert falsch. Vertrauen Sie diesbezüglich niemals Anzeigenofferten. Den amtlichen Presseausweis bekommen nur hauptberufliche Journalisten (Wort & Bild) sowie Fachstudenten vom Deutschen Journalistenverband, der Gewerkschaft ver.di , der Rundfunk-Fernseh- Film-Union sowie vom Bundesverband der Zeitungsverleger. Einzelnen Bildagenturen liefern Ihnen nur ein buntes Papier ohne amtlichen Wert.

Erntezeit durch bunte Beilagen: Vielfalt bringt Honorare ein

Beobachten Sie den Markt in Ihrer Region. Dann stellen Sie fest, ob Sie mit Ihren Ideen und Ihren Motiven bei der zuständigen Redaktion einen Treffer landen können. Die Themenvielfalt der Beilagen ist riesig. Dadurch können auch Sie sich unkompliziert einbringen und Honorare ernten.

Ein gut sortiertes Archiv bringt Ihnen auch bei Beilagen mit Sonderthemen einiges an Honorar ein. Ob Senioren oder Tourismus, Freizeitmöglichkeiten in der Region rund um Ihren Wohnort oder das städtische Gewerbegebiet: Die meisten Zeitungsverlage produzieren über das Jahr verteilt durch Anzeigen finanzierte Beilagen als sogenannte Verlagssonderveröffentlichungen. Bei denen muss der weiße Raum zwischen den Anzeigen mit Text und Bild sinnvoll und ansprechend gefüllt werden muss. Fotografen, denen das geschriebene Wort nicht fremd ist, sind hier deutlich im Vorteil. Auch in finanzieller Hinsicht, versteht sich. Wer thematisch auf bestimmte Sonderveröffentlichungen eingeschossen ist, verfügt über Kontakte, die flink zu flotten und wohlfeilen Bildern verhelfen. Ein Bekannter von mir, der nicht mehr so jung an Jahren ist, verdient sich allein mit warmherzigen Seniorenfotos die eine oder andere Mark so ganz nebenbei. Auch das gibt es als Arbeitsschwerpunkt. Und wenn die ambulante Pflegestation PR-Bilder braucht, wen rufen die dann an? Na klar, meinen Bekannten.

Beilagen und Sonderveröffentlichungen sind aber auch bei Schützenfesten, Altstadtfesten, Sommerfesten oder rechtzeitig zum Weihnachtsgeschäft denkbar. Checken Sie selbst, was sich in Ihrer Umgebung diesbezüglich tut.

Wenn Sie clever sind, dann beobachten Sie den Markt. So können Sie feststellen, ob es vielleicht zu einem Themenbereich, der Sie besonders interessiert, noch keine Beilagen gibt. Schlagen Sie der zuständigen Redaktion doch einfach ein Projekt vor, wenn Sie davon absolut überzeugt sind. Mit so einem Projekt kommen Sie zu unzähligen Kontakten, die Ihnen in der Zukunft dienlich sein werden und sich buchstäblich auszahlen. Prüfen sollten Sie auch, ob über das nächstgelegene Einkaufszentrum nicht auch gelegentlich die eine oder andere Publikation durch die Druckwalzen gequetscht wird. Hier helfen Ihnen gute Kontakte zu den Geschäftsleuten, die froh sind, wenn Ihnen einer feine Bilder schießt, die sich von den bisherigen unterscheiden, die irgendwer geblitzt hat.

Versuchen Sie sich auch ruhig zwischen Gewerbetreibende und Redaktion zu mogeln, aber bitte mit viel Gefühl. So kommen Sie zum Zuge. Und der Redakteur hat weniger Arbeit und ruft Sie sicher an, wenn er wieder einmal etwas zum Thema braucht. So weit sollten Sie auch bei den Redaktionen der Stadtmagazine kommen.

Auf Montage: Kriminelle Grafiken

Ein Standbein von vielen kann die Produktion von Fotos und Grafiken für die Verwendung als Buchcover sein. Im Vorteil sind versierte Computergrafiker, für die Fotos nur das Ausgangsmaterial darstellen. Aber: Wenn die Qualität stimmt, dann kann sich ein Verlagskontakt für Sie lohnen.

Ohne persönliche Kontakte führt der Weg zu den Buchverlagen über den Buchhandel. Dort verschaffen Sie sich einen Überblick über die aktuelle Produktion und die Designs der Coverbilder. Ein möglicher Anfang: Erarbeiten Sie sich sorgfältig eine eigene Cover-Serie zu einem bestimmten Genre, z.B. Kriminalromane. Bieten Sie Ihre Motive den Verlagen an, deren Cover sie im

Buchhandel ausgewählt haben. Die Anschriften stehen entweder in den Büchern selbst oder sind über die Verlagsverzeichnisse der Buchhändler zu erfahren. Oft finden Sie in den Büchern auch die Namen der Werbeagenturen, die die Cover erarbeitet haben. Über die Gelben Seiten finden Sie deren Anschriften und Telefonnummern. Ein Kontaktversuch kann sich lohnen, wenn Ihre Serie qualitativ hoch angesiedelt ist. Mit Adressenmaterial reichlich gesegnet werden diejenigen, die sich den Besuch der Buchmessen in Frankfurt/Main und Leipzig zur Pflicht gemacht haben. Außerdem sind dort fast alle Verlagsvertreter präsent. Einen Kontaktbesuch sollten Sie vorher schriftlich ankündigen. Insgesamt gesehen ist die Produktion von Motiven für Buch- oder Taschenbuchcover nur eines von vielen Standbeinen, das Sie sich anschaffen sollten. Die Wahrscheinlichkeit, ausschließlich in diesem Sektor seine Brötchen zu verdienen ist durchaus gering. Aber: Es gibt bestimmt Ausnahmen. Einen entscheidenden Vorteil haben diejenigen, die mit PC und Grafiksoftware in der Lage sind, hochwertige Montagen aus Grafiken und Fotos zu gestalten. Beispielhaft dafür ist eine Taschenbuch-Krimireihe aus dem Ullstein Verlag.

Punkten mit CDs: Graben Sie im Archiv für die erste Edition

Heimatkunde kann ein Thema für Ihre Serie auf CD sein. Alles was regional von Interesse für andere ist, bringt schnell Bares ein. Überregional brauchen Sie entweder den Buchhandel oder das Internet, um Ihre Bilder auf CD unters Volk zu bringen. Probieren Sie einfach, was Ihnen näher liegt. Der Erfolg stellt sich mit der Zeit ein.

Zu bestimmten Themen können Sie in Eigenregie CDs und Bücher/Taschenbücher (Books on Demand / BOD) herstellen und selbst über die Buchläden in Ihrer Region vermarkten. Ob es sich dabei nun um die Dokumentation des letzten

Schützenfestes handelt, oder eine Reportage über die Gebrüder Grimm mit Bildern von der Deutschen Märchenstraße, das ist völlig gleich. Sinnen Sie nach und lassen Sie sich etwas einfallen. Die Möglichkeiten sind grenzenlos für Sie. Recherchieren Sie im Internet nach den Preisen für BOD. Nach meinen Erkenntnissen beginnen Sie mit acht EURO pro Exemplar bei geringer Auflage. Sie können die Daten, die Sie für Ihre CD-ROM gesammelt haben, für die Produktion von Büchern/Taschenbüchern gleich mitverwenden.

Themenmäßig möchte ich Ihnen noch ein wenig auf die Sprünge helfen. Durchforsten Sie Ihr Archiv nach Motiven, die Sie zu einer Serie zusammenfügen können. Überlegen Sie dabei, ob sich Ihre Bilder von denen unterscheiden, die z.B. von den Internetprovidern im WWW gratis zur Nutzung auf Homepages zum Download angeboten werden. Ihr Vorteil kann bei allen Planungen und Hoffnungen das Stichwort "Regionalität" sein. Sollten Sie aus Ihrer Heimat Bilder haben, die z.B. für Touristen interessant sein könnten, dann haben Sie schon Ihre erste CD. Verfeinern Sie die Bildauswahl und arbeiten Sie weiter aktuell an dieser Ausgabe. Der Vertrieb über die Buchläden in Ihrem Landkreis oder in Ihrer Stadt dürfte für Sie kaum ein großes Problem darstellen.

Überregional punkten können Sie erst einmal nur im Internet. Wenn Sie allgemein interessante Serien besitzen (Akt / spezielle Tier-Rassen / Blumen...), dann bieten Sie Ihre Bilder auf Ihrer eigenen Homepage zum Erwerb auf CD an. Ein Beispiel: Seit vielen Jahren fotografiere ich selbst Muster und Texturen. Zunächst fand ich diese Motive nur als Fotos spannend. Mit wachsender Bedeutung der Computertechnik Ende der 80er / Anfang der 90er Jahre entdeckte ich die ungeahnten Möglichkeiten der Texturentechnologie für die Bereiche Computergrafik / Internetprogrammierung und Desktop-Publishing. Viele Grafiker entwickeln am PC computergenerierte

Texturen. Ich dagegen kann auf ein riesengroßes Archiv von echten Fototexturen aus der Natur zurückgreifen, die Realität hautnah ins Bild bringen. Selbstverständlich sind diese Texturen auch auf CD erhältlich. Vielleicht fällt Ihnen ja jetzt auch etwas ein. Dann graben Sie gleich Ihr Archiv um, damit es mit der ersten Edition nicht zu lange dauert.

Materialschlacht für Kalender: Profis zeigen Format

Brillante Motive allein reichen nicht aus, um in der Bundesliga der Fotografie mitzuspielen. Ihre Kleinbildausrüstung können Sie getrost im Koffer lassen: Hier muss das Mittelformat ran. Ob sich Investitionen lohnen, entscheidet Ihr Verhandlungsgeschick und Ihre Herangehensweise. Und natürlich wie immer Ihre Fotos.

Wer in der Bundesliga der Fotografie mitspielen möchte, der sollte ein bisschen mehr auf Lager haben als nur schicke Postkartenmotive.

Ein Gang durch die Kalenderabteilungen der Kaufhäuser zeigt recht schnell, was die Konkurrenz so treibt. Brillante Motivauswahl, themenspezifische Vielfalt und alle nur denkbaren Formate buhlen nebeneinander um die Gunst der Käufer. Fotolieferanten, die unbedingt gerne einen eigenen Kalender machen möchten, sollten den Verlagen nicht einzelne Motive, sondern komplette passende Serien anbieten. Auch hier gilt - wie bei den Postkarten - je nach persönlicher Einstellung zum Klischeebild sind alle nur denkbaren Motive möglich. Es müssen eben nicht immer wieder die roten Rosen oder drollige kuschelige Tierbabies sein. Wenn Sie mit Ihrem PC samt Bildbearbeitungs- und DTP-Programm bestens umgehen können, dann stehen Ihnen noch viel mehr Möglichkeiten offen. Aber das wissen Sie sicherlich selbst.

Bei der Arbeit für Kalender können Sie Ihre Kleinbildausrüstung getrost im Koffer lassen: Mittelformat müssen Sie schon zeigen. Besser noch ist Großformat ab 9 x 12. Überlegen Sie es sich sehr wohl, ob sich die Investition in neue Technik lohnt, bloß weil Sie vielleicht irgendwann mit Kalendern erfolgreich sein wollen. Aber das ist Ihre Entscheidung. Über Erfolg und Misserfolg entscheidet Ihre Motivauswahl. Vielleicht glückt Ihnen ja der Sprung in eine Nische. Mein Vorschlag: Versuchen Sie es einmal mit religiösen Motiven aus den Kirchen Ihrer Umgebung.

Der mögliche Kundenkreis ist hier festgeschrieben und einen Heimatverlag gibt es bei Ihnen vielleicht auch. Wenn nicht, dann gründen eben Sie einen. All die anderen Verlage müssen Sie sich selber suchen. Ein sehr einfacher Weg führt Sie - wie bei den Postkarten - in die City Ihrer Heimatstadt in das nächste Schreibwarengeschäft / Buchladen/ Touristenlädchen. Fragen Sie dort die Einzelhändler, wann die Handelsvertreter der Kalenderverlage wieder zu ihnen kommen. Suchen Sie den Kontakt zu den Händlern und den Vertretern, denn sie wissen genau über die Sortimente Bescheid und können Sie weitervermitteln. Gute Beispiele für Kalendereditionen finden Sie zum Beispiel bei Karstadt, KADEWE, Wertheim, Quelle und Hertie. Großstädter sollten die Messen besuchen, bei denen die Verlagsvertreter Ihr Sortiment anbieten. Zusätzlich kommen als Ausstellungen noch die Frankfurter Buchmesse und die Messe in Leipzig in Frage. Wenn Sie endlich einen Verlag für Ihre Motive und Serien gefunden haben, dann verhandeln Sie geschickt über Ihr Honorar.

Mehr Geld kann Ihnen ein eigener Verlag bieten. Sie sollten, wenn Sie Ihre Motive selber drucken lassen und veräußern wollen, nach einer auf Kalender spezialisierten Druckerei Ausschau halten. Adressen finden sie im Branchenbuch.

Schweinepest und Hundezucht: Fotos für Lokalzeitungen

Ins rechte Licht gesetzt, sieht die Heimat richtig fein aus. Schützenverein und Geflügelzüchter geben stets interessante Motive für freie Bildjournalisten her. Den Fremdenverkehr sollten Sie auch im Focus haben. Und wenn Sie historisch bewandert sind, dann klappt es ganz bestimmt mit dem netten Redakteur von nebenan.

Völlig gleich, ob Sie in der Großstadt oder auf dem Land leben: Lokalzeitungen gibt es überall und diese Spezies braucht Fotos in allen Variationen. Von dem allein stehenden Schmuckbild, zärtlich auch "SchmuBi" genannt, über die sogenannte Bildnachricht, zu der kein Artikel sondern nur eine längere Bildunterzeile gehört, bis zum knackigen Aufmacherfoto für Titel oder Aufschlagseite drei können Sie der Lokalredaktion "um die Ecke" jederzeit Fotos anbieten. Wenn Anlass, Motiv und die von Ihnen abgelieferte Qualität stimmen, werden Sie sicher bald eines Ihrer Bilder abgedruckt sehen. Schließlich kann der Lokalfotoreporter am Wochenende nicht überall dabei sein. Das genau ist Ihre Chance für den Einstieg in die Welt des Bildjournalismus.

Ein besonderes Augenmerk sollten Sie dabei den Bereichen von Hobby und Arbeitswelt schenken, in denen Sie der fachliche Profi sind. Hier sind Sie zum Beispiel als Hundezüchter unmittelbar an der Quelle, wenn es um niedliche Welpenfotos geht. Die Lokalredaktion wird es Ihnen danken. Oder halten Sie engen Kontakt zu den in ganz Deutschland weit verbreiteten Vereinen jeglicher Art. Packen Sie die neusten News in Wort und Bild und Ihr Foto wird ein echter Hingucker im Blatt. Interessieren Sie sich für Heimatkunde und Geschichte? Falls ja, dann sollten Sie mit Ihrer Kamera sofort auf die Pirsch gehen und die Schauplätze der Vergangenheit aus faszinierender Perspektive so ablichten, dass sie zusammen mit dem passenden Text, den Ihnen Ihr Bekannter schreiben kann, wenn Sie selbst nicht über eine gespitzte Feder verfügen, eine interessante Einheit für die Wochenendausgabe ergeben. Die Menschen lesen so etwas gerne.

Lebte in Ihrer Nähe ein Dichter oder Schriftsteller und hat er etwas über Ihre Heimat geschrieben? Wenn ja: Dokumentieren Sie aus heutiger Sicht das, worüber der Dichter vor langer Zeit geschrieben hat. Aus finanzieller Sicht ist das total rentabel: Solch einen Fall hatte ich kürzlich - ein Buch gekauft (Fontanes Wanderungen durch die alte Grafschaft Ruppin; EURO 9,80) - vier Stunden gelesen und dann in einer Redaktion angerufen und eine Serie von mindestens 40 Fotos mit kleinem Text für die Bildunterzeile verkauft. Zu den vier Stunden Lesevergnügen kommen jetzt noch zirka 20 Stunden Fahrerei und Fotografieren. Was soll's, wer verdient sonst in 24 Stunden über achthundert EURO, nämlich EURO 20 pro Bild zuzüglich Mehrwertsteuer. Fontane damals bestimmt nicht.

Sicherlich werden Sie durch derartige Themen kein Helmut Newton und Fontane oder die Gebrüder Grimm sind auch nicht Claudia Schiffer. Aber zum Thema dieser Seite passt der Vorschlag sicherlich, denn nun verdoppeln sich Ihre Chancen! Denn: Mit solchen Fotos müssen Sie Ihr Glück umgehend bei den Anzeigenblättern, auch Verbraucherzeitungen genannt, versuchen.

Einstieg in weltweite Vermarktung: Internet als Fotobörse

Fotos online zu verkaufen ist dank Internet jetzt möglich. Was Sie dazu brauchen, ist Hardware und entsprechende Softwarekenntnisse. Rechtlich können Sie die Nutzung Ihrer

Fotos auf bestimmte Segmente beschränken. So halten Sie sich stets ein Hintertürchen für eigene Pläne und Vorhaben offen.

Regelrecht im Trend ist der Lizenzverlag von allen Mediensegmenten, die für moderne Multimediaanwendungen erforderlich sind.

Dazu zählen selbstverständlich auch Fotos in allen Variationen. Besonders gefragt sind auch Fotomontagen und Texturen für Anzeigenhintergründe oder Web-Design. Sollten Sie in diesem Bereich aktiv werden wollen, dann empfiehlt sich die Anschaffung eines leistungsfähigen PCs mit 19-Zoll-Bildschirm, Scanner für Negative und Scanner für Auflagen sowie DVD- und CD-ROM-Brenner. Ferner sollte Ihnen der Umgang mit den üblichen Grafikprogrammen (Photoshop, Free Hand, Corel Draw) geläufig sein.

Prüfen Sie Ihr Archiv kritisch und entwickeln Sie (eventuell mit Hilfe einer Web-Agentur, wenn Sie nicht mit Web-Editoren umgehen können) einen Online-Auftritt, der Ihre Fotos weltweit versilbert. In diesem Falle verkaufen Sie die Nutzungsrechte Ihrer Bilder, zum Beispiel für die Herstellung von T-Shirts, gleich mit. Einschränkungen sind jederzeit in jeder Hinsicht möglich: Sie können einzelne Bereiche wie zum Beispiel Kalender- oder Postkartenproduktion ausschließen und so für Ihre Person vorbehalten. Derzeit kostet eine CD mit 20 Motiven in hoher Auflösung zwischen 200 und 500 EURO. Übrigens: Der Deutsche Journalistenverband empfiehlt seinen Mitgliedern das Anbieten der aktuellen Foto-Tagesproduktion im Internet.

Originelle Motive für Postkarten: viel Arbeit und wenig Geld

Rote Rosen als Postkartenmotiv sind exzellent und wunderschön. Allerdings hängt es von Ihrem Geschmack ab, welche Motive Sie den Verlagen für Postkarteneditionen anbieten möchten. Oft zählt das Originelle und nicht die Natur als Klischee. Möglichkeiten eröffnen sich auch für Fotografen, die ein Table-Top-Studio besitzen.

Vielfalt und die durchführenden Verlagsnamen zeigt ein gemütlicher Spaziergang durch die Schreibwarengeschäfte und Touristenshops.

Fotolieferanten, die diesbezüglich ambitioniert sind, sollten nicht einzelne Motive, sondern komplette Serien anbieten. Je nach persönlicher Einstellung zum Klischeebild sind alle nur denkbaren Motive möglich: Es müssen eben nicht immer wieder die roten Rosen oder drollige kuschelige Tierbabies sein. Professionalisierung ist durch konzeptionelle Fotografie möglich. Ein gutes Beispiel hierfür sind verschiedene Postkarteneditionen, die in den Urlaubsregionen an Nord- und Ostsee angeboten werden. Sie haben Muscheln, Sand und Meer zum Thema und bestehen aus Kollagen, die im Studio angefertigt wurden. Table-Top-Fotos also. An dieser Stelle können Sie Ihrer Fantasie freien Lauf lassen und sich überlegen, was Sie alles im Ministudio aufbauen und ablichten könnten. Vielleicht sammeln Sie ja (rein zufällig, versteht sich) Zinnfiguren o.ä.? Dann wissen Sie jetzt sofort, was Sie zu tun haben.

Wenn Sie mit Ihrem PC samt Bildbearbeitungs- und DTP-Programm bestens umgehen können, dann stehen Ihnen noch viel mehr Möglichkeiten offen. Aber das wissen Sie sicherlich selbst. Neben reinen Fotomotiven sind in vielen Geschäften auch Postkarten mit mehr oder weniger sinnvollen Sprüchen

(Alle sind doof, außer Oma?) im Verbund mit Bildern und Grafiken zu finden. Es ist Ihre Entscheidung, ob Sie sich Ihren Namen als Urheber auf der Rückseite solcher Postkarten vorstellen können.

Doch völlig gleich für welche Motive Sie sich entscheiden: Sie brauchen einen Verlag, der Ihnen Ihre Bilder abkauft. Ein sehr einfacher Weg führt Sie in die City Ihrer Heimatstadt in das nächste Schreibwarengeschäft/Buchladen/Touristenlädchen. Fragen Sie dort die Einzelhändler, wann die Handelsvertreter der Kartenverlage wieder zu ihnen kommen. Suchen Sie den Kontakt mit den Händlern, denn sie wissen genau über die Sortimente Bescheid und können Sie weitervermitteln. Gute Beispiele für Postkarteneditionen finden Sie zum Beispiel bei Karstadt aktuell und Stielke.

Großstädter sollten die Messen besuchen, bei denen die Verlagsvertreter Ihr Sortiment anbieten. Zusätzlich kommen als Ausstellungen noch die Frankfurter Buchmesse und die etwas kleinere Messe im Frühjahr in Leipzig für Ihre Intensionen in Frage.

Wenn Sie endlich einen Verlag für Ihre Motive und Serien gefunden haben, dann werden Sie schnell feststellen, dass sich das Honorar sehr in Grenzen hält. Außerdem richtet es sich nach der Art des Honorarvertrages.

Mehr Geld kann Ihnen ein eigener Verlag bieten, muss aber nicht und erfordert Investitionen. Sie sollten, wenn Sie Ihre Motive selber drucken und veräußern wollen, nach einer auf Postkarten spezialisierten Druckereien Ausschau halten. In den Metropolen sind dies die auf Autogrammkarten spezialisierten Unternehmen. Sie finden sie im Branchenbuch.

Puzzles: Großformat in 1000 Teilen

Ob Klischeebilder oder rein grafische Motive: Ihre Mustermappe muss bei den Puzzleverlagen überzeugen. Ob sich der Technikeinsatz lohnt, erfahren Sie bei den Honorarverhandlungen. Wie immer gilt: Ein Versuch ist es bestimmt wert. Werfen Sie doch gleich mal einen Blick in Ihr Dia-Archiv.

Die Schärfeleistung des Großformates ist ideal für die Erfordernisse der Puzzleproduktion. Für diesen Technikeinsatz sind die Honorarergebnisse auch höher. Führend ist der Ravensburger Verlag, andere Verlage erfahren Sie in den entsprechenden Geschäften, die Puzzles im Sortiment führen. Dort können Sie sich auch einen Überblick über die derzeitigen Trendmotive verschaffen. Sie werden sofort feststellen, dass Tierbabies, Blumen und Skylines bei den Käufern gut ankommen. Einen Versuch wert sollte es sein, den Verlagen rein grafisch orientierte Motive anzubieten.

Für Sie gilt: Die Bemusterung ist Ihr persönliches Schaufenster. Die Qualität muss die Redakteure sofort überzeugen. Übrigens: Wenn Sie keine Großformatausrüstung besitzen, dann sollten Sie sich von Ihren Gedanken über Puzzlemotiven verabschieden. Bieten Sie Ihre Fotos im KB-Format besser Postkartenverlagen an.

Delikate Bilderflut macht richtig Appetit aufs Reisen

Hohe Produktionskosten und enormer Zeiteinsatz sind erforderlich, um in diesem Sektor aufzutrumpfen. Wenn das für Sie kein Problem ist, steht Ihrem Erfolg in der Reisefotografie kaum noch etwas im Weg. Ungewöhnliche Reiseziele müssen es dabei nicht immer sein. Starten Sie Ihre Karriere mit einer tollen Präsentation über Ihre Heimat.

Gibt es ein Fleckchen auf dieser Erde, auf dem Sie sich besonders gut auskennen? Warum fahren Sie nicht noch einmal dort hin und machen brillante Fotos, die vielleicht noch besser sind als Ihre ohnehin schon sehr guten Ortskenntnisse. Wozu - fragen Sie sich jetzt? Insbesondere in Universitätsstädten boomt der Markt mit Diashows über ferne Länder und ungewöhnliche Reiseziele. Erarbeiten Sie Ihre eigene Show zum Thema Ihrer Wahl (erst Vorkosten ertragen und finanzieren können) und steigen Sie ein in den Wettbewerb.

Wenn Ihnen das weite Reisen nicht bekommt oder gerade keine Universitätsstadt in Ihrer Nähe ist, in der Sie Marktrecherchen anstellen können, dann (Warum denn in die Ferne schweifen, wenn das Gute liegt so nah? - Sie können es sich bereits denken:) erarbeiten Sie eine fetzige Dia-Show über Ihre Heimat und das Besondere daran. Gerade wenn Sie in einer Feriengegend wohnen, wird Ihnen garantiert Erfolg und Publikum (Geld!!!) beschieden sein. Was jetzt noch fehlt, sind die makellosen Dias und der fesselnde Vortrag. Auf geht´s, oder?

Wenn Sie es tatsächlich in Erwägung ziehen, mit Reisefotografie Ihre Honorare zu erwirtschaften, dann sollten Sie ruhig einmal einen Blick in die Buchladenregale mit den Reiseführern werfen. Dort erkennen Sie die unterschiedlichen Serien, die die verschiedenen Verlage in ihren Sortimenten führen.

Besonderen Augenmerk schenken können Sie den Erzeugnissen des DuMont Verlages. Eine Durchsicht wird Ihnen die mögliche Vielfalt der Herangehensweise an diesen Bereich vermitteln. Nehmen Sie sich an diesen Produkten ein Beispiel und produzieren auch Sie delikate Bilderfluten, die den Betrachtern so richtig Lust auf Urlaub und Reisen machen. Suchen Sie den Kontakt zu den Verlagen, die Reiseführer produzieren, die Ihnen am besten gefallen.

Die Puppen tanzen lassen: Kultur braucht Fotos und PR

Konzerte und Theater, Oper und Tanzgruppen: Jede Großstadt ist voller Möglichkeiten und bietet Ihnen unzählige Angriffspunkte für Ihr Metier. Besonders der Kleinkunstszene sollten Sie Beachtung schenken. Hier werden Bilder gebraucht, die Ihnen die Stadtmagazine für den Veranstaltungsteil abkaufen.

Ob Oxmox in Hamburg oder Zitty und tip in Berlin, Fotografen und Bildjournalisten, die in Sachen Kultur, Gastronomie oder Sport etwas drauf haben, sollten Stadtmagazine wie diese als ihre Kunden anpeilen.

Natürlich ist in genau den Städten, in denen überhaupt Stadtmagazine erscheinen, die finanzielle Luft durch die Konkurrenz sehr dünn. Aber es ist wie überall: Wenn Sie pünktliche Qualität liefern, dann kommen Sie zum Zuge, Beharrlichkeit vorausgesetzt. Ein Beispiel zur persönlichen Motivation: Eine meiner Studienkolleginnen, Fachbereich Publizistik an der Berliner Freien Universität, verlor von Semester zu Semester immer mehr die Lust an den Hochschulseminaren. Ihr Lebensziel, beruflich gesehen, war es, tolle Fotos zu produzieren und davon Leben zu können. Das angefangene Hochschulstudium hat sie wahrscheinlich ihrer Familie zuliebe begonnen, um ihrer Leidenschaft eine akademische Legitimation zu verpassen. Trotz Referate und Vordiplomsstress war sie abends stets auf Achse und verballerte ihr ganzes Geld (und das war bestimmt nicht viel) für Eintrittskarten, Filmmaterial und Laborzubehör nebst teurem PE-Fotopapier. Die Abzüge sendete sie an alle Zeitungen, Magazine und Agenturen. Immer. Die erste positive Resonanz kam unverhofft von anderer Seite aus einer ganz anderen Branche. Zwischen Studium, Labor und Konzerten hatte sie eine Bildauswahl an eine Fotozeitschrift geschickt, die einen der von vielen Menschen gerne angezweifelten Fotowettbewerbe ausgerichtet hatte.

Ein Foto meiner Kollegin wurde mit einem Preis gekürt und das brachte die Motivation der jungen Frau, die bisher nur investiert hatte, wahrhaftig regelrecht zum Glühen. Sie ackerte und ackerte und prompt kamen so nach und nach die ersten Veröffentlichungen in den Stadtmagazinen Berlins. Durch ihre ständige Präsenz bei den Veranstaltungen wurde den Kollegen ihr Gesicht auch so langsam bekannt. Irgendwann lernt sie einen Redakteur kennen und lieben - der war von einer großen Berliner Tageszeitung. Den Rest können Sie sich sicherlich denken. Summa summarum hat sie ein Jahr gebraucht, um vom Ertrag der Veröffentlichungen leben zu können. Und das kann sie heute immer noch. Warum sollte das bei Ihnen nicht funktionieren?

Tageszeitungen: Gute Chancen an Nebenschauplätzen

Es muss nicht immer Reichstag sein: Wenn Sie Ihre Fotos in überregionalen Tageszeitungen abgedruckt sehen möchten, dann lohnt sich oftmals auch ein Blick hinter die Kulissen. Oder in die Seitenstraßen der Metropolen. Auch dort spielt sich das Leben ab, das überregionale Tageszeitungen interessiert. Halten Sie die Augen auf. Reagieren Sie schnell. Wenn Sie beständig gutes Material anbieten, haben Sie Chancen auf Erfolg.

Im Brennpunkt des öffentlichen Lebens sollten Sie sich bewegen, wenn sie mit Ihrer Kunst auf die großen überregionalen Tageszeitungen als Kunden abzielen.

In den meisten Fällen ist dies nur für Fotografen in Metropolen möglich, bei denen sich die Ereignisse quasi vor der eigenen Haustüre abspielen - etwa in Berlin, Köln oder München. Sollte dies bei Ihnen der Fall sein, dann sortieren Sie die Ereignisse, die anstehen, nach Wichtigkeit. Persönliche Erfahrung hat sehr wohl gezeigt, dass Nebenschauplätze meist nicht von Agenturfotografen oder Bildreportern der großen Printmedien mit Terminen belegt werden. Schon gar nicht am heiligen Wochenende. Wittern Sie dort Ihre Chance, machen Sie Ihre Fotos und liefern sie bei den Redaktionen ab. Bleiben Sie stur, wenn Sie ein paar Tage später kommentarlose Rücksendungen mit Standardbegleitschreiben im Briefkasten vorfinden. Denken Sie daran, dass die Redakteure jeden Vormittag weiße Seiten auf den Redaktionsbildschirmen sehen. Mit Ihren perfekten Fotos helfen Sie den Redakteuren, erfolgreich Zeitung zu machen und diese weißen Seiten für die Leser interessant zu gestalten. Und: Schenken Sie auch den Magazinen wie Stern und Focus intensive Beachtung. Für informative und spannende Reportagen mit brillanten Bildern sind sie die richtige Adresse für Ihr attraktives Angebot.
Das gleiche Prinzip gilt übrigens auch für Lokalzeitungen.

Didaktiker immer gefragt: Kurse bringen keine Reichtümer

Für kleines Geld Spitzendozenten für beste Ergebnisse in ihren Kursen einkaufen: Das scheint das Ziel der meisten Volkshochschulen in Deutschland zu sein. Doch verächtliche Blicke auf die Erwachsenenbildung im VHS-Bereich sind unbegründet. Zum Nebeneinkommen als Dozent sollten Sie wirklich nicht "Nein" sagen.

Können Sie Ihr Wissen und Ihre Fähigkeiten gut an andere weitergeben? Dann prüfen Sie, ob es an einer der Volkshochschulen in Ihrer Nähe bereits einen Fotokurs oder Laborkurs gibt. Wenn nicht, sollten Sie sich der Volkshochschulverwaltung als neuer Dozent anbieten. Reichtümer sind hierbei allerdings wirklich nicht zu erwarten, aber eine kleine Nebeneinnahme ist doch auch nicht zu verachten, oder? Was meinen Sie?

Wenn Sie mit dem PC und der Bildbearbeitungssoftware und neuste Digitaltechnologien wirklich auf "Du und Du" sind und ein feines Händchen für die als Dozent erforderliche Didaktik besitzen, dann erweitert sich Ihr Spektrum an möglichen Kursen um das Doppelte.

Viele jungen Menschen wollen heutzutage nämlich lieber digital arbeiten und nicht im dunklen Labor. Und das fängt bekanntlich ja schon bei der Aufnahme an. Sollten Sie die Anforderungen erfüllen, dann greifen Sie sofort zum Telefon und organisieren sich einen Vorstellungstermin bei der Schulleitung.

Webdesign: Aussichten nur noch heiter bis wolkig

Der absolute Run auf Internet und Webdesignagenturen ist vorbei. Es kehrt Normalität ein. Sie können mit Ihren Spitzenmotiven mit viel Glück Arbeitskontakt zu einer Webagentur herstellen. Allerdings sollten Sie sich diesen Bereich nur als weiteres Standbein erschließen.

Wahre Bilderfluten serviert Ihnen das Internet auf den heimischen Computermonitor. Insbesondere Web-Shops und Web-Design-Agenturen verarbeiten Bildmaterial für Produktinfos sowie Banner und Buttons. Fotos kommen hier meist grafisch freigestellt zum Einsatz: Ein Markt existiert folglich für Bildlieferanten mit soliden Computergrafikkenntnissen, PC und CD-Brenner. Ein Blick in die regionalen Branchenbücher verhilft hier zum notwendigen Kontakt. Eine Demo-CD mit bisherigen Arbeiten ersetzt die sonst übliche Mappe mit Prints. Allzu viel Optimismus soll an dieser Stelle nicht versprüht werden, denn der anfängliche Internet-Hype ist abgeklungen. Es kehrt Normalität ein, auch bei den Umsätzen der Webagenturen.

Dennoch: Sie sollten sich nicht entmutigen lassen. Setzen Sie sich mit den Agenturen in Verbindung. Wenn Ihre Arbeiten gut, besser sehr gut sind, dann haben Sie sicherlich Chancen.

Werbeagenturen: Mit Mustermappe auf Kundenfang

Forsch und kontaktfreudig müssen Sie sein, wenn Sie mit Ihren Bildern bei Werbeagenturen landen wollen. Sortieren Sie Ihr Archiv und fertigen Sie Mustermappe und CD-ROM mit Ihren besten Stücken an. Damit müssen Sie die Kreativen überzeugen. Achten Sie aber auf rechtzeitige Honorarvereinbarungen.

Mittel- und Großformatfotografen erfüllen die technischen Voraussetzungen für Plakat- und Leuchtwerbung. Eine selbstbewusste Kontaktaufnahme (Branchenbuch) zu Werbeagenturen zeigt detaillierte Anforderungen und Bedürfnisse der einzelnen Betriebe. Neben Plakat- und Leuchtwerbung gibt es noch eine Fülle anderer Möglichkeiten, bei denen sich ambitionierte Fotografen einbringen können. Grundsätzlich lässt sich sagen: Hier sind Ideen gefragt und vor allem auch der Mut, sie anderen zu präsentieren. Sie müssen damit rechnen, dass Ihre Motive von Agenturen für Angebotskonzepte gebraucht werden. Bevor Sie Auswahllieferungen abliefern, legen Sie dafür ein kleines Honorar fest.

Wenn der Auftrag für die Agentur nichts wird, gehen Sie leer aus und wenn der Zuschlag erteilt wird, dann kann es Ihnen passieren, dass der liebe gute alte Fotodesigner, der schon immer alle Jobs für dieses Unternehmen erledigt, die bezahlte Arbeit macht. Davon haben Sie auch nichts. Also: Passen Sie auf sich auf und machen Sie Kontakte zu den Agenturen.

Auf einen Vorstellungstermin dort sollten Sie sich allerdings bestens vorbereiten. Eine Mustermappe mit großformatigen Abzügen sollten Sie sich zum Termin unter den Arm klemmen. Besser noch, Sie nehmen auch noch eine CD-ROM mit Ihren gesammelten Werken mit. Das ermöglicht Ihnen eine größere thematische Auswahl und auch eine höhere Stückzahl an Motiven. Ferner zeigen Sie, dass Sie auch mit dem PC sachkundig und kreativ umgehen können. Wenn Sie es besonders gut draufhaben, dann können Sie auch mit einer Serie Fotomontagen aufwarten. Zum Beispiel Hintergründe für Anzeigen. In der Zeitschrift PAGE finden Sie dazu viele Informationen.

Mit Ausbildung dazuverdienen: Workshops in Farbe und S/W

Platz und Geld sind erforderlich, um mit Labor-Workshops auf einen grünen Zweig zu kommen. Wenn Sie finanzstark sind, dann können Sie auch PC-Kurse in Bildbearbeitung anbieten. Doch dazu sind am Anfang hohe Investitionen in Soft- und Hardware erforderlich. Wer die Kosten nicht scheut, schafft sich ein zweites Standbein.

Wenn Sie über ausreichend Platz verfügen, um ein großes Labor einzurichten, in dem mehrere Menschen gleichzeitig arbeiten können, dann sollten Sie sofort eigene Workshops in Schwarz-Weiß-Labortechnik anbieten. Prima ist dazu noch ein benachbarter Seminarraum für Vorträge oder ähnliches. Wenn Sie diesen Weg wählen, dann sollten Sie sich über Kleinanzeigen Kursteilnehmer suchen. Ebenfalls über Anzeigen, z. B. in der Brenner-Zeitung (www.alles-foto.de) erfahren Sie , welche Gebühren andere Anbieter erheben. So können Sie das Kalkulieren beginnen und prüfen, ob es sich rechnet. Empfehlenswert ist eine Mehrfachnutzung der Räume. Wenn das Labor von Ihnen beruflich auch anderweitig genutzt wird, dann ist es günstig. In einer Ecke des Seminarraumes kann auch Ihr Büro eingerichtet sein. Überlegen Sie selbst. Auf jeden Fall kostet diese Art der Lehrtätigkeit Ihr Geld - in diesem Fall für die angemieteten Räumlichkeiten und für das Equipment. Wenn Sie finanziell besonders gut gepolstert sind, dann sollten Sie Ihr Kursangebot auch auf Bildbearbeitung mit dem Personalcomputer erweitern. Vorerst reichen dazu vier vernetzte PCs aus. Wichtige Hardware ist allerdings ein Farblaserdrucker, der ein gewaltiges Loch in Ihren Geldbeutel reißen wird. Wie für alle Vorschläge gilt auch hier: Lassen Sie es auf einen Versuch ankommen.

ÜBER PRAKTIKANTEN UND DAS DELEGIEREN

„Wenn ich alle Marketing-Ratschläge befolge, dann bleibt mir ja keine Zeit mehr zum Fotografieren", werden Sie vielleicht hier am Ende dieses Taschenbuchs denken. So ganz Unrecht haben Sie nicht, denn es steckt schon ein gigantischer Aufwand hinter erfolgreichem Marketing. Nicht umsonst verfügen größere Unternehmen über eigene Fachabteilungen, die der Geschäftsführung zuarbeiten.

Diese Möglichkeit haben Sie (noch) nicht. Allerdings, und das ist keine neue Weisheit, steht und fällt ein Unternehmen oder Vorhaben mit dem Vertrieb. Warum suchen Sie nicht nach einem BWL-Studenten oder einer Studentin, die bei Ihnen ein mehrmonatiges Vertriebs-Praktikum absolvieren kann. Schon haben Sie mehr Power und neue Möglichkeiten.

Ebenso können Sie beim Thema Bildbearbeitung und Montage vorgehen. Auch hier wird es junge Menschen geben, die über hohe Fachkenntnisse, aber noch ein Praktikum brauchen. Addieren Sie die Arbeitszeiten dieser beiden Praktikantenstellen zusammen: Sie werden staunen, wie diese Ihre Arbeitswoche freischaufeln, perfekte Anleitung vorausgesetzt.

ÜBER DEN AUTOR

Meine Biografie zuerst im Schnelldurchlauf: erste Fotoerfahrungen samt Veröffentlichung ab dem Alter von 13 Jahren (Deutsche Motorrad-Geländesport-meisterschaft), Abitur, Studium der Publizistik, Psychologie und Soziologie mit Abschluss Diplom, während des Studiums freie Tätigkeit als Bildjournalist für alle Berliner Tageszeitungen (Schwerpunkte Sport und Kultur), zehn Jahre professionelle aktive und staatlich anerkannte Theaterarbeit als Figuren- und Schauspieler, danach elf Jahre Bildjournalist und Redakteur in Festanstellung (Ippen Verlag), im Anschluss freiberuflicher Kommunikationstrainer, bis heute Angestellter im Öffentlichen Dienst und Gründer eines eigenen Modelabels. Durch mein Label kam ich wieder auf die Fotografie und ich brenne seitdem für die Mode- und Modelfotografie. Durch die Theaterarbeit verfüge ich naturgemäß über Posingsicherheit und kann dies auch anderen erfolgreich vermitteln. Und nun die längere Version: Schon mit 13 Jahren lag ich an Sprunghügeln im Dreck um bei der Deutschen Motorrad-Geländesportmeisterschaft Motorradgespanne gegen den Himmel fotografieren zu können. Das klappte prima - die örtliche Lokalzeitung brachte meine Fotos. Stolz wie Bolle war auch mein Vater, schließlich hatte ich ja seine Mittelformatkamera im Einsatz. In den Jahren darauf folgten die üblichen Urlaubs- und Landschaftsfotos, die das Schreiben darüber nicht wert sind. Erst als Student an der FU Berlin, Fachbereich Publizistik, kam ich wieder zum Thema Fotografie. Und das durch Zufall: Eigentlich wollte ich für ein 16mm-Filmseminar der FU gemeinsam mit einem Studienkollegen den Berufspuppenspieler Thomas Rohloff dafür begeistern mit uns einen Puppenkurzfilm zu drehen. Der lehnte gut begründet ab (zu hoher Aufwand), fragte aber interessiert, ob ich denn vielleicht auch fotografieren könne. Prompt schlugen Freund Rolf Schulten und ich einige Zeit später bei ihm auf und portraitierten ihn und seine Figuren des

Kindertheaterstücks "Wie Florian zur Pflaume kam". Scheinbar waren die Ergebnisse OK, denn ab dann hatte ich die Ehre für einige Freie Theater Berlins die PR- und Werbefotos zu machen. Außerdem bediente ich als Freischaffender die Tageszeitungen mit Bildern der aktuellen Spiele der American-Football-Bundesliga und vielen Kulturveranstaltungen. Scharfgestellt habe ich damals ganz genau u.a. auf Sting, David Bowie, Annette Humpe, Udo Lindenberg, Depeche Mode, Culture Club und sehr gerne auch auf die Beton-Combo.

Mit dem Diplom in der Tasche gründete ich mein eigenes Theater - die Szene kannte ich ja bereits. Zu dieser Zeit war ich auf andere Fotografen angewiesen. Ein Jahrzehnt später bewarb ich mich bei zwei Tageszeitungen im Bundesland Brandenburg: Eine wollte mich nur für den Sport am Wochenende, die andere für jeden Tag. Also heuerte ich dort an und wurde festangestellter Redakteur und Bildjournalist des Druckhauses Oberhavel im Ippen-Verlag. Über zehn Jahre fotografierte ich alles, was üblicherweise in Lokalzeitungen und Anzeigenblättern an Fotos "landet" - übrigens auch meine erste Modenschau. Damals lag mir aber eher Benzin im Blut: Bei allen Speedwayrennen in Norddeutschland stand ich im Innenring und kassierte Dreck auf der Weste. Da es einen Flugplatz in meinem Zuständigkeitsbereich gab, war auch die Fliegerei mein Thema. Das persönliche Highlight war die letzte Veranstaltung der Deutschen Tourenwagenmeisterschaft auf dem Berliner Avus. Hier fotografierte ich mich durch die Boxengasse, interviewte Rennfahrer und produzierte im Anschluss für drei Zeitungen je zwei Fotosonderseiten. Im ländlichen Raum nördlich von Berlin war Pferdesport stets auch ein großes Thema: Meins wurden die Hengstparaden, bei denen ich großartiges Bildmaterial zustande brachte. Gemeinsam mit Ricco Schubert aus Neuruppin entstand eine Ausstellung über die Dorfkirchen im Landkreis Ostprignitz-Ruppin. Nach einem Jahrzehnt beendete ich meinen Job um als

Kommunikationstrainer tätig sein zu können. Zu dieser Zeit entstanden gemeinsam mit meiner jetzigen Frau zahlreiche (Foto-) CDs, die im Buchhandel und bei Amazon erhältlich waren.

Als Lehrer für Marketing, Akquise und Kommunikation war ich für verschiedene Bildungsträger aktiv.

Wieder ein Jahrzehnt später nahm ich einen Job als Angestellter im Öffentlichen Dienst auf. Zu der Zeit begann ich wieder zu fotografieren und was soll ich sagen? Mit einem Mal fühlte ich mich wieder glücklich wie der 13-Jährige, der im Dreck der Panzerhügel liegend Erwin Schmieder auf seiner 50 er Herkules mit 1/1000 sec. Verschlusszeit gegen den blauen Himmel Nordhessens ablichtete.

Aktuell beschäftige ich mit Sofortbildern und deren „Misshandlung" mit Chemie. Zu sehen gibt es hunderte Motive in meinem Instagram-Account *felske_photo* und in meinem eBook „Polaroid Destruction – Mit Haushaltschemie Polaroids manipulieren". Meine Website finden Sie unter www.aspektederfotografie.de.

DANKSAGUNG

Beim Nachdenken zum Thema Danksagung gerät meine Liste immer länger. Ich verkneife mir das Name-Dropping und erwähne nur die Institute der Freien Universität Berlin, die mir die meisten Fakten beigebracht haben. Es handelt sich um das Institut für Psychologie (Bildwirkung) und das Institut für Publizistik (Foto-Journalismus). Ohne diese Erkenntnisse wären meine Fotos nicht so wie sie jetzt sind.

Nicht unerwähnt lassen möchte ich auch die Models, mit denen ich zum Thema Porträtfotografie zusammengearbeitet habe. Besonders Tatjana und Nica brachten viele gute Posing-Ideen ins Spiel, die ich freudig aufgegriffen habe.

Fehlen darf hier keinesfalls meine Frau Franka, die immer zu mir steht und mir den Rücken freihält, wenn es gefordert ist.

Danke auch an meine Follower bei Instagram, die mich immer mit tollen Fotos und Grafiken überraschen und inspirieren.

HAFTUNGSAUSSCHLUSS

Verlag und Autor übernehmen keinerlei Haftung für Schäden, die sich durch Ratschläge und Hinweise dieses Buches ergeben. Ferne erklären wir, dass wir keine Haftung für Schäden oder Folgeschäden übernehmen, die direkt oder indirekt durch die Verwendung der Hinweise dieses Buches entstehen.
Alle Tipps und Ratschläge in diesem Buch sind mehrfach ohne schädliche Ereignisse erprobt.

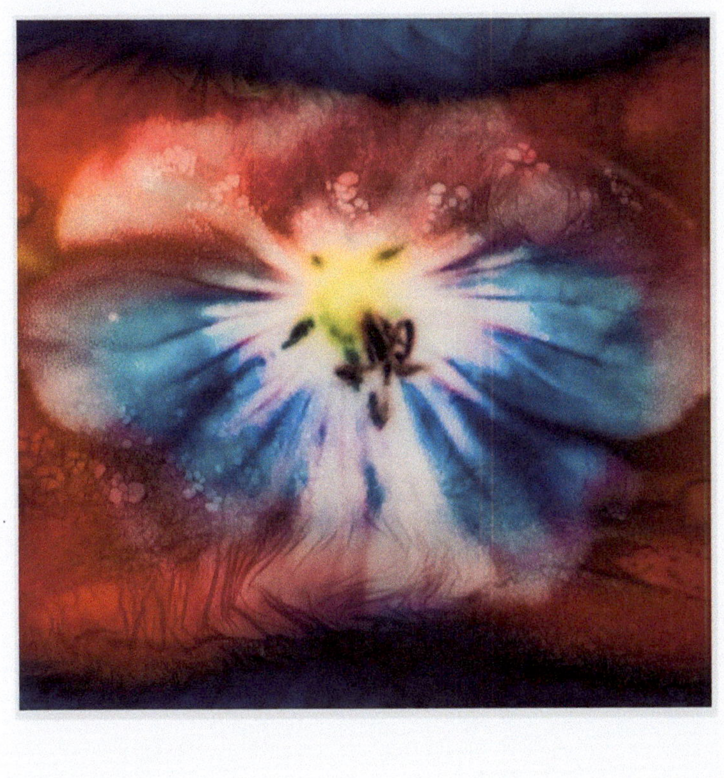